Günther Beyer
Gedächtnis- und Konzentrationstraining

Günther Beyer

Gedächtnis- und Konzentrationstraining

Creatives Lernen, Superlearning,
Lernen in Entspannung

ECON Verlag
Düsseldorf · Wien

CIP-Kurztitelaufnahme der Deutschen Bibliothek

Beyer, Günther:
Gedächtnis- und Konzentrationstraining: Creatives Lernen, Superlearning, Lernen in Entspannung / Günther Beyer. – 2. Aufl. – Düsseldorf/Wien: ECON-Verlag, 1988.
ISBN 3-430-11322-9

2. Auflage 1988

Gesetzt aus der Helvetica der Fa. Linotype GmbH
Satz: Computersatz Bonn GmbH, Bonn
Papier: Papierfabrik Schleipen GmbH, Bad Dürkheim
Druck und Bindearbeiten: Bercker, Kevelaer
Printed in Germany
ISBN 3-430-11322-9

Inhalt

Vorwort 7

I. Gedächtnistraining 9
1. Lerntypen und Wortpaare 9
2. Reiserouten, Einkaufszettel, Bestell-Listen; Grundmuster im Gehirn; die drei Gedächtnisarten 27
3. Terminabläufe, Stundentermine; der große Streit: Anlage oder Umwelt 38
4. Vorträge halten aus dem Gedächtnis 49
5. Konferenztexte, Gespräche, Telefonate und Diskussionen; die geistige Entwicklung eines Menschen 55
6. Vorträge, Weiterbildungstexte, Nacherzählungen 64
7. Personennamen, Namen aller Art 77
8. Namen und Gesichter; Lernhemmungen und Informationseinheiten 89
9. Fremdwörter und Fachbegriffe; Motivation und Erfolgserlebnisse 102
10. Daten und Fakten aller Art; Wahrnehmung und Kognition 112
11. Lateinische, englische, französische und spanische Vokabeln 125
12. Adressen, Daten, Strukturexzerpte, schwierige Texte; Lerntheorien 132

II. Lerntechnik 145
13. Die Lernkartei 146
14. Die Merkzeichen 149
15. Lernkartei und Zeitpläne 150
16. Lernen ohne Streß 154

III. Superlearning 157
17. Was ist Superlearning? 157
18. Das Lernen in Entspannung 160
19. Sprachenlernen nach der Superlearning-Methode 164
20. Die Akustik einer Entspannungskassette und der Sprachkassetten 167
21. Der Atemrhythmus 169
22. Die visuelle Assoziationstechnik 171
23. Karten-, Computer-, Theaterspiele und Lieder .. 173
24. Checkliste und Assoziationslisten 176

IV. Lernen im Schlaf 183
25. Was ist Lernen im Schlaf? 183
26. Die Traumphase und ihre Lernmöglichkeit 185
27. Was kann man nachts lernen? 192
28. Das richtige Material für Lernen im Schlaf 194
29. So stellen Sie Ihre Geräte ein 201
30. So lernen Sie nachts 205
31. Die Aussprache von Vokabeln 210
32. Das alles kann passieren 211

V. Konzentrationstraining 217
33. Spielerisch konzentrieren lernen 217
34. Neun Konzentrationsspiele, leicht 219
35. Neun Konzentrationsspiele, etwas schwieriger .. 227
36. Neun Konzentrationsspiele, schwierig 234
37. Fünfzehn Konzentrationsspiele, Endspurt 240

Anhang 249
Weitere Informationen über Superlearning, Lernen im Schlaf und ergänzende Trainingsprogramme 249

Vorwort

Verehrter Leser,
mit diesem Buch habe ich die Aufgabe übernommen, den neuesten und letzten Stand moderner Lernmethoden darzustellen und zu trainieren. Dabei fiel mir die Aufgabe zu, schlechtere Methoden gegen bessere und neuere auszutauschen. Was gut war und immer noch gut ist, wurde belassen, anderes überarbeitet. Und so hat es sich auch ergeben, daß der Bereich Gedächtnis- und Konzentrationstraining nur unwesentlich verändert wurde, da diese Methoden bereits sehr ausgereift sind.

Hingegen ist der Bereich Superlearning seit meinem Buch »Superwissen durch Alphatraining«, ECON Verlag, spürbar verändert und verbessert worden. Hier ist noch viel Pionierarbeit geleistet worden, weil Superlearning eine recht junge Methode ist. Bei der Beschreibung der Methode Superlearning habe ich öfter auf Beispiele aus meinen Seminaren zurückgegriffen, was sicherlich verständlich ist, weil ich sie am besten beurteilen kann. Das heißt natürlich nicht, daß Superlearning-Methoden, wie sie von anderen Instituten betrieben werden, schlecht sind. Im Gegenteil.

Da wir öfter telefonisch und schriftlich um weitere Hilfen und Trainingsmöglichkeiten angegangen werden, habe ich diesmal im Anhang dieses Buches Heimkurse, Bücher und Seminare meines Instituts zur Information und als ergänzende Hilfen zu diesem Buch aufgelistet.

Ich möchte auch nicht versäumen, Herrn Professor Frederic Vester, mit dem zusammen ich zwei Bücher geschrieben habe, für seine wertvollen Anregungen und Theorien zum Thema »streßfreies Lernen« zu danken.

Ebenso möchte ich mich bei den Mitarbeitern meines Institutes herzlich für die ausdauernde Unterstützung bedanken, wenn es darum ging, Lernmethoden zu testen und weiterzuentwickeln.

Ich wünsche nun Ihnen, verehrter Leser, viel Spaß und Erfolg mit meinem neuen Buch »Gedächtnis- und Konzentrationstraining«.

Günther Beyer

I. Gedächtnistraining

1. Lerntypen und Wortpaare

A Lerntypen

Wenn Sie einmal Ihre Mitmenschen befragen, wie sie lernen, so werden Sie eine große Anzahl verschiedener Antworten bekommen. Der eine sagt Ihnen: »Ich kann das gut behalten, was ich höre.« Der nächste wird vielleicht sagen: »Wenn ich etwas schreibe und mir dabei noch darüber Gedanken mache, dann funktioniert mein Gedächtnis sehr gut.« Wieder ein anderer lernt vielleicht dann am besten, wenn er etwas sieht usw. Und auf irgendeine Art werden Sie ebenfalls den zu lernenden Stoff am besten behalten. Denken Sie einmal kurz darüber nach.

Wenn wir nun die Antworten Ihrer Mitmenschen systematisch einordnen, dann ergibt sich folgende Tabelle:

Wir behalten oder nehmen auf:

10 % von dem, was wir lesen
20 % von dem, was wir hören
30 % von dem, was wir sehen
50 % von dem, was wir hören und sehen
70 % von dem, was man selbst sagt
90 % von dem, was man selbst tut

Wir behalten oder nehmen auf:

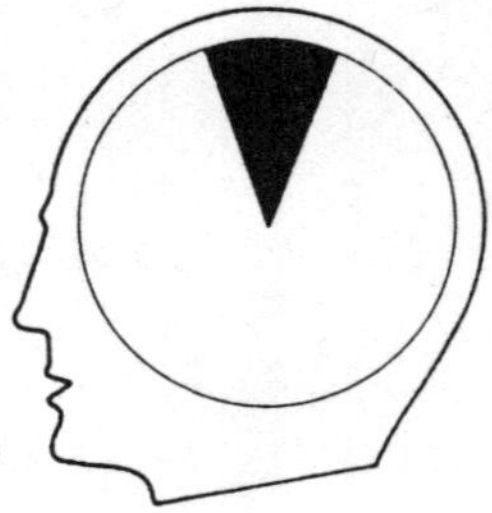

10 % von dem,
was wir lesen

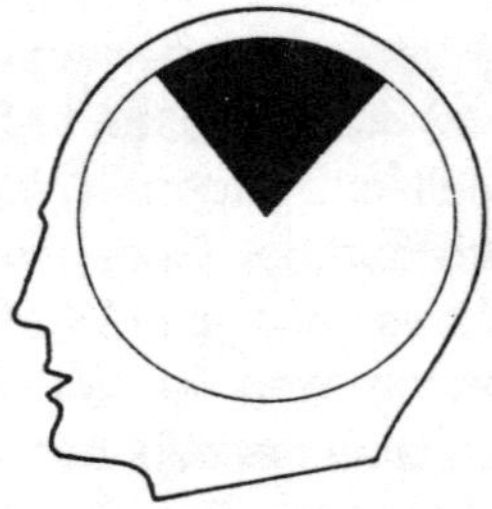

20 % von dem,
was wir hören

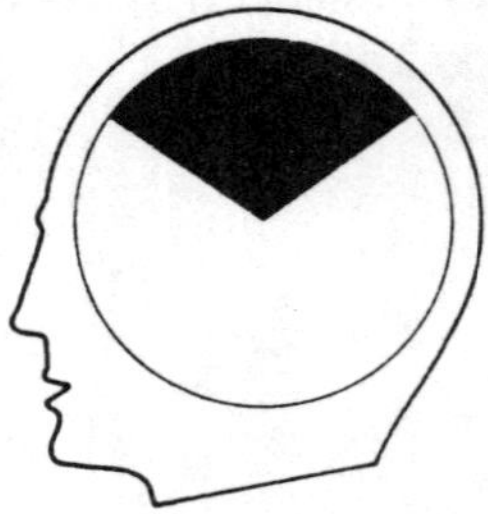

30 % von dem,
was wir sehen

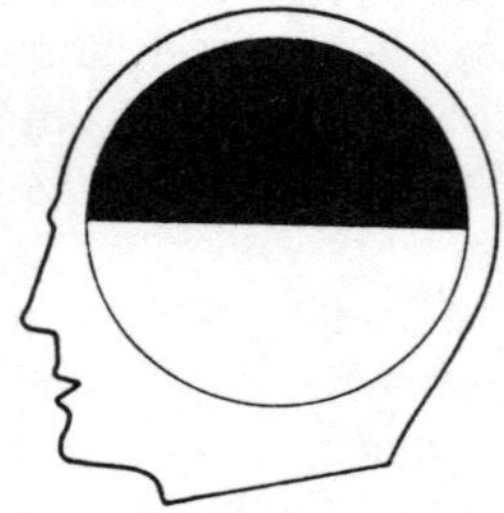

50 % von dem,
was wir hören und sehen

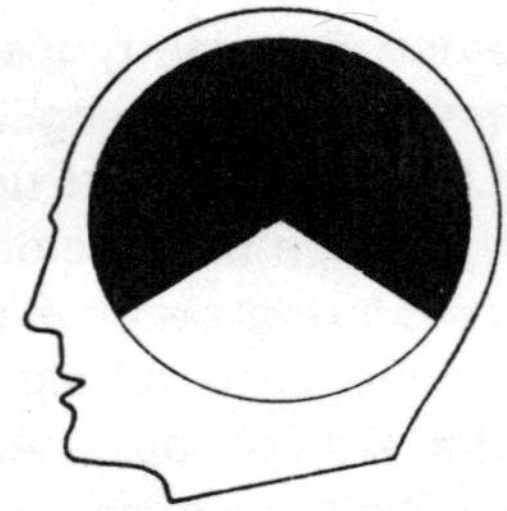

70 % von dem,
was man selbst sagt

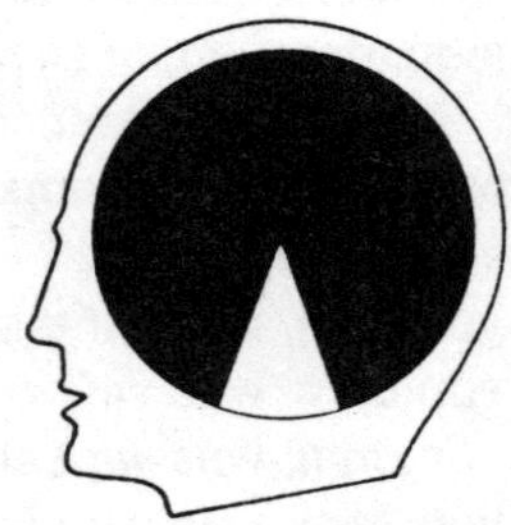

90 % von dem,
was man selbst tut

Warum Sie so verschieden gut behalten, das läßt sich sehr einfach erklären. Wenn Sie etwas lesen, dann nehmen Sie ein abstraktes Schriftbild auf. Hören Sie etwas, so nehmen Sie ein abstraktes Klangbild auf. Hierbei ist das Schriftbild starr und unbeweglich, im Klangbild liegt aber normalerweise noch ein etwas abwechslungsreicher Ton. Da dieser auch noch mit einer sich bewegenden Person (der Vortragende) verbunden ist, fällt es Ihnen leichter, das Gehörte zu behalten. Wenn Sie etwas sehen, dann fällt Ihnen das Behalten noch leichter, denn das, was Sie sehen, ist nicht mehr ein abstraktes Schriftbild, sondern ein plastischer, konkreter, bewegter Ablauf.

Beim Hören und Sehen arbeiten Sie mit zwei Eingangskanälen (Auge und Ohr), also reizen Sie auch einen größeren Bereich Ihres Gedächtnisses. Wenn Sie selber etwas sagen, dann sind das normalerweise Dinge, die Sie durchdacht haben, die Ihnen klar sind und die deshalb Ihrem Gedächtnis leichtfallen. Wenn Sie darüber hinaus sogar selber etwas tun, dann hören und sehen Sie das, was Sie tun. Ihre Motorik wirkt mit, Sie sind hochaktiv, und damit ist es Ihr Gedächtnis ebenfalls. Nun ist das Gedächtnis aber auch sehr stark vom Verständnis dessen abhängig, was der Mensch lernt. Verstehe ich einen Sachverhalt nicht, dann werde ich auch Schwierigkeiten haben, ihn zu behalten. Verstehe ich ihn gut, dann hat es mein Gedächtnis hingegen recht leicht, Informationen aufzunehmen.

Läßt man das Verständnis einer Sache mit in unsere Prozenttabelle über das Lernen einfließen, dann ergeben sich folgende vier Lerntypen:

1. Der abstrakt-verbale Lerntyp

Er vesteht dann am besten, wenn ihm eine Sache kompliziert, abstrakt formelhaft erklärt wird. Das kann entweder schriftlich oder mündlich geschehen. Obwohl er dann nur etwa 10–20 % seines Gedächtnisses ausnutzt, kann er auf diese Art dennoch am besten behalten, weil hier sein Verständnis am größten ist.

2. Der anschauliche Lerntyp
Er versteht und behält am besten, wenn er in anschaulicher, plastischer Form das sieht, was er behalten soll. Das kann durch einen gezeigten Versuch, ein Modell oder einen vorgefertigten Film geschehen. Auch anschauliche Bilder und Grafiken helfen ihm. Bei diesem Lerntyp treffen also die 30 % unserer Tabelle mit einem hohen Verständnis um die Dinge zusammen.

3. Der haptische Lerntyp
Dieser Lerntyp muß sich an die Information, die er aufnehmen will, emotional binden. Das erreicht er durch anfassen (haptere = anfassen), fühlen, riechen oder schmecken. Hier werden also außer dem Auge noch weitere Eingangskanäle wie der Geruchsinn, Geschmacksinn und Tastsinn benutzt. Gleichzeitig herrscht ein sehr hohes Verständnis vor.

4. Der praktische Lerntyp
Er macht selber Experimente mit den Dingen, über die er Verständnis gewinnen will, um sie ins Gedächtnis aufzunehmen. Hier haben wir das 90 %ige Behalten von dem, was man selber tut, gepaart mit einem sehr guten Verständnis.

Damit Ihnen diese vier Lerntypen noch klarer werden, soll an dieser Stelle ein physikalisches Phänomen erklärt werden, nämlich die Entstehung des Druckes. Es handelt sich dabei immer um das gleiche Phänomen, nur werde ich es auf vier verschiedene Arten erklären, und zwar für die Lerntypen 1, 2, 3 und 4.

Abstrakt-verbaler Lerntyp:
Er hört oder liest folgendes:
Bei gleicher Kraft und unterschiedlicher Auflagefläche entstehen unterschiedliche Drücke. Hierbei ist der Druck gegenproportional der Fläche, und das bedeutet: $P = F/A$

Anschaulicher Lerntyp:
Er schaut sich in einem Film den folgenden Versuch an:
Zwei gleich schwere Personen (ein Mann und eine Frau) stehen auf einem weichen Untergrund. Der Mann hat breite Absätze an, die Frau hat spitze, dünne Absätze an. Kurze Zeit darauf schaut man sich die hinterlassenen Abdrücke an und stellt fest: Die Abdrücke der Frau sind wesentlich tiefer. Warum das so ist, leuchtet dem anschaulichen Lerntyp schnell und einfach ein.

Haptischer Lerntyp:
Unter jeweils gleicher Kraftaufwendung probiert er folgendes aus:
Das erstemal drückt er mit dem Finger auf die stumpfe Rückseite eines Bleistiftes, das zweitemal mit der gleichen Kraft auf die spitze Vorderseite. Hier erlebt er das Phänomen Druck einmal als sanften Druck und einmal als Schmerz. Er hat sich emotional gebunden.

Praktischer Lerntyp:
Dieser Typ macht das folgende Experiment:
Er schlägt zwei Nägel in ein Stück Holz. Beim erstenmal mit der Spitze voraus und beim zweitenmal mit dem Kopf voraus. Daß der Nagel beim zweitenmal nicht in das Stück Holz eindringt, merkt er sehr schnell und versteht auch warum.

Es gibt etwa 5–10 % abstrakt verbaler Lerntypen. Die restlichen 90–95 % verteilen sich auf die Typen anschaulich, haptisch und praktisch. Kurioserweise wird aber der größte Teil der Informationen, die Menschen untereinander mitteilen, sehr abstrakt und verbal oder schriftbildlich weitergegeben.

Das liegt daran, daß alle anderen Möglichkeiten zu aufwendig und kostspielig sind. Die wenigen Lehrfilme und Versuchslabors in Schulen z. B. sind bislang nur ein Tropfen auf den heißen Stein. Was können Sie also tun, wenn Sie zu den 90 % der nicht abstrakten Lerntypen gehören und automatisch benachteiligt sind, wenn Ihnen viele Fakten abstrakt dargeboten werden? Nun, Sie können nicht verlangen, daß das Angebot geändert wird. Also bleibt Ihnen nichts anderes übrig, als abstrakte Inhalte für Ihren eigenen Lerntyp entsprechend abzuändern. Und das sollen Sie in diesem Buch systematisch lernen.

B Wortpaare

Sie haben die Aufgabe, sich die folgenden zwei Wortpaare zu merken. Wenn ich Sie frage, was bei dem Wort Mann steht, dann müssen Sie wissen: Maus, frage ich umgekehrt, was bei dem Wort Maus steht, dann müssen Sie wissen: Mann. Sie müssen also dieses Wortpaar in beide Richtungen abrufen können, so wie Sie es ja auch bei Vokabeln tun.

Mann – Maus
Lampe – Bleistift

Das Schriftbild dieser beiden Wörter ist abstrakt. Der Inhalt aber, der hinter diesen beiden Wörtern steckt, ist anschaulich. Damit haben wir schon eine Möglichkeit, abstrakte Informationen ins Anschauliche zu übersetzen. Bitte stellen Sie sich einmal mit geschlossenen Augen vor, wie ein Mann eine Maus füttert. Hierbei müssen Sie dieses Bild tatsächlich sehen, es genügt nicht, wenn Sie nur daran denken. Wenn Sie nun dieses Bild tatsächlich vor Ihrem geistigen Auge gesehen haben, dann geschieht in Ihrem Gedächtnis folgendes:

Denken Sie an das Wort Mann, so taucht vor Ihrem geistigen Auge sofort wieder das Bild auf, wie ein Mann eine Maus füttert, und damit kennen Sie bereits das dazugehörige Wort. Denken Sie umgekehrt an das Wort Maus, so passiert das gleiche, nur eben umgekehrt. Bitte probieren Sie dieses Prinzip jetzt an der Kombination Lampe – Bleistift aus. Z. B. können Sie sich vorstellen, wie Sie mit einem Bleistift eine Lampe zeichnen.

An dieser Stelle beginnen wir nun mit systematischen Übungen. Bitte stellen Sie sich in der Übung 1 für jedes Wortpaar ein Bild vor, und machen Sie anschließend die Probe. Dabei decken Sie zuerst die rechte Hälfte der Übung zu und versuchen, sich mit Hilfe Ihrer Bilder an die zugedeckte Seite zu erinnern. Anschließend decken Sie nur die linke Hälfte zu und machen die Probe umgekehrt. Auf diese Art und Weise werden Sie in der Lage sein, sich an die meisten Wörter wieder zu erinnern. Nur eines dürfen Sie nicht machen, nämlich die gesamte Übung zudecken, denn vorläufig brauchen Sie noch entweder das linke oder rechte Wort als Schlüsselwort (wie auch bei Vokabeln). Die neben den einzelnen Übungen angegebenen Zeiten (in Minuten) sind Richtzeiten und keine Fixzeiten. D. h., Sie können versuchen, innerhalb dieser Zeiten die jeweilige Übung zu behalten. Wenn Sie das schaffen, dann besitzen Sie auf dem jeweils gerade trainierten Gebiet ein mindestens viermal so gutes Gedächtnis, verglichen mit einem Durchschnittsgedächtnis Ihrer Mitmenschen. Wenn Sie es aber stört, dann brauchen Sie sich niemals an diese Richtzeiten zu halten. Bitte machen Sie jetzt die Übung 1.

Übung 1
Wortpaare, 10 Wörter

Papier	–	Suppe
Hase	–	Sand
Baum	–	Hose
Mantel	–	Bürste
Schiff	–	Schrank

C Sie haben immer drei Möglichkeiten

Wenn unsere Methode brauchbar sein soll, dann muß sie die drei Lerntypen – anschaulich, haptisch und praktisch – erfassen und unterstützen können. Damit uns das gelingt, müssen Sie die Bilder auf folgende Art und Weise aufbauen:

1. Sie sehen vor Ihrem geistigen Auge ein Bild. Z. B. Schiff – Schrank: Auf dem neuen Schrank steht ein kleines Schiff (anschauliche Darstellung).

2. Sie binden sich gefühlsmäßig an Ihr Bild. Z. B. Schiff – Schrank: Sie ärgern sich, weil das Schiff den neuen Schrank verkratzt (haptische Darstellung).

3. Ihre eigene Person ist mit in dem Bild. Z. B. Schiff – Schrank: Sie selbst stellen das Schiff auf den Schrank (praktische Darstellung).

Welche der drei Möglichkeiten Sie nehmen, bleibt Ihnen überlassen. Sie nehmen immer die Art von Bild, die Ihnen am leichtesten fällt. Damit ist Ihrem Lerntyp bereits Genüge getan. Da Sie aber niemals nur einem Lerntyp ausschließlich zuzuordnen sind, sondern ein bestimmter Lerntyp neben anderen dominiert, werden Sie mal ein solches und mal ein solches Bild aufbauen. Wenn Sie aber nach ca. 100 Bildern nachzählen, wieviel Bilder Sie von der einen oder anderen Art zur Hilfe genommen haben, dann wissen Sie auch, welcher Lerntyp bei Ihnen der dominierende ist.

Bitte üben Sie jetzt das Bilderverknüpfen (assoziieren) an der Übung 2.

Übung 2
Wortpaare, 20 Wörter

Ring – Kanne
Geige – Sack
Buch – Vogel
Auge – Wasser
Bleistift – Beutel
Reifen – Krug
Knochen – Heft
Fleisch – Flugzeug
Schaf – Gitarre
Holz – Schere

D Typische Fehler

Vielleicht haben Sie in der Übung 2 die Gitarre mit der Geige oder den Sack mit dem Beutel verwechselt. Wenn ja, dann lag das daran, daß Ihre Bilder nicht klar genug waren. Wenn Sie sich bei Geige lediglich ein Saiteninstrument vorstellen und das auch noch ziemlich verschwommen, dann bleibt eine Verwechslung mit der Gitarre nicht aus. Sie müssen deshalb lernen, präziser zu assozieren, nämlich so, wie die einzelnen Gegenstände auch tatsächlich aussehen. Z. B. könnten Sie sich einen Sack als groben, grauen Kartoffelsack vorstellen im Unterschied zu einem Beutel, den ich mir persönlich als ledernen Tabaksbeutel vorstellen würde.

Bitte überlegen Sie sich einmal zur Übung zehn ähnliche Begriffe (z. B. Tischdecke – Tischtuch; Bach – Fluß; Wald – Forst) und denken Sie darüber nach, wo zwischen diesen Begriffen der Unterschied besteht und wie dieser Unterschied in Ihrem Bild deutlich sichtbar werden kann. Nur so beginnen Sie, Verwechslungen zu vermeiden.

Ein weiterer Fehler besteht darin, daß Sie außer den eigentlichen Begriffen, die Sie behalten wollen, noch fremde Informationen mit in das Bild hineinbringen. Z. B. könnten Sie sich fälschlicherweise vorstellen: Ring – Kanne, ich nehme von einem Stuhl einen Ring und befestige diesen mit einer Zange und einem Hammer auf der Kanne. Wenn Sie diese Assoziation später wieder abrufen, dann befinden sich in Ihrem Bild fünf Informationen: Ring, Stuhl, Zange, Hammer, Kanne. Im Moment werden Sie zwar aufgrund Ihres natürlichen Gedächtnisses (das ist das Gedächtnis, das Sie bis jetzt immer ohne Methode eingesetzt haben) wissen, daß Ihr Stuhl, Hammer und Zange nur Hilfsmittel waren, um Ihr Bild auszudrücken. Aber in zwei oder drei Tagen, wenn das natürliche Gedächtnis seine Information verloren hat, dann stehen Sie vor einem Bild mit fünf Begriffen und können nur noch raten. Deshalb also die Regel: Lassen Sie alle fremden Eindrücke aus Ihrem Bild heraus.

Außer diesen zwei beschriebenen typischen Fehlern gibt es noch einen weiteren, der aber nicht so häufig vorkommt. Z. B. bei der Kombination Ring – Kanne wird oft gesagt: Ich stelle mir vor, daß der Ring in der Kanne ist. Bei diesem Bild handelt es sich um eine sog. Negativ-Assoziation, denn wenn Sie sich vorstellen, daß der Ring in der Kanne ist, dann sehen Sie ja nur die Kanne und nicht mehr den Ring, und folglich können Sie auch nur noch raten, was Ihnen das Bild außer der Kanne noch mitteilen sollte. Deshalb achten Sie bitte darauf, daß Sie die beiden Wörter, die Sie behalten wollen, auch tatsächlich in Ihrem Bild sehen.

Bitte machen Sie jetzt die Übung 3.

5

Übung 3
Wortpaare, 40 Wörter

Album – Apfel
Geld – Hügel
Seil – Kaffee
Gemüse – Dach
Ente – Wecker
Sonne – Himmel
Sicherung – Whisky
Kanone – Berg
Band – Pinsel
Katze – Kamm
Kanne – Papier
Karre – Farbe
Birne – Tisch
Kuß – Handtuch
Zettel – Getränk
Blatt – Karton
Kreide – Rakete
Milch – Stuhl
Auto – Bank
Foto – Salat

E Generalprobe

Sie haben sicher bemerkt, daß in der Übung 3 noch einmal eine Reihe ähnlicher Begriffe stand. Wenn sie hier meinen Rat befolgt haben, dann war diese Übung für Sie keine Schwierigkeit mehr.

Nun zu der letzten Übung in diesem Kapitel, mit der wir den Bereich der gegenständlichen Hauptwörter abschließen. Diesmal möchte ich Sie bitten, die Zeit von 8 Minuten präzise einzuhalten. Wenn Sie nach Ablauf dieser 8 Minuten von den 60 Wörtern mindestens 50 Stück behalten haben, dann war dieses Kapitel für Sie ein großer Erfolg.

Bitte machen Sie jetzt die Übung 4.

Generalprobe:

Übung 4
Wortpaare, 60 Wörter

Bank	– Beil	Förster	– Küste
Handschuh	– Zwerg	Bürgersteig	– Geldbörse
Radiergummi	– Leiter	Tresor	– Tresor
Esel	– Rasen	Fenster	– Schild
Gatter	– Blume	Polizist	– Kopf
Zement	– Eisen	Schuh	– Gardine
Abendrot	– Tante	Salz	– Teilchen
Stoß	– Badewanne	Tasche	– Staub
Magen	– Kaugummi	Kissen	– Schwimmbecken
Bruder	– Fahne		
Fußball	– Messer	Plakat	– Flasche
Boot	– Zeppelin	Eimer	– Teppich
Teller	– Flagge	Lampe	– Wolkenkratzer
Netz	– Weg		
Spiel	– Busen	Sturm	– Strand
Wimpel	– Tee	Nagel	– Besen

kein gute Beitrag
nur 32 aber abends
um 12 nach 8 Std
Schularbeiten!

Frageseite

1. Welche vier Lerntypen gibt es?
2. Wie behalten Sie Wortpaare?
3. Welche drei Möglichkeiten haben Sie, Bilder zu verknüpfen?
4. Nennen Sie die drei typischen Fehler beim Assoziieren.

① Sehen
Hören
[illegible]
Schreiben
Haptativ

② Assoziieren
Bild vorstellen

③ Zu viel assoziieren
Negatives "

Antwortseite

1. Abstrakt-verbal (er nimmt formelhaft auf und hat dabei das größte Verständnis)
Anschaulich (er sieht Bilder, Modelle oder Filme)
Haptisch (dieser bindet sich gefühlsmäßig durch Riechen, Schmecken oder Fühlen)
Praktisch (dieser macht selber Experimente)
Wenn falsche Antwort: lies Abschnitt A.
2. Ich verküpfe Wortpaare in einem Bild.
Wenn falsch: Abschnitt B.
3. A (nur sehen)
B (Emotionen an das Bild binden)
C (selber im Bild aktiv sein)
Wenn falsch: Abschnitt C.
4. A (ähnliche Begriffe werden leicht verwechselt)
B (es dürfen keine fremden Informationen ins Bild)
C (bauen Sie keine Negativ-Assoziation auf)
Wenn falsch: Abschnitt D.

Ideenliste

Die einzelnen Ideen sind immer in der Reihenfolge der entsprechenden Übungen aufgelistet.

Übung 1:
Ein Stück Papier schwimmt in der Suppe.
Ein Hase sitzt im Sand.
An einem Baum hängt eine Hose.
Mit der Bürste bürste ich den Mantel sauber.
Auf einem Schrank steht ein Modellschiff.

Übung 2:
Ein Ring fällt in eine Kanne.
Eine Geige wird in den Sack eingepackt.
Ein Vogel sitzt auf einem Buch.
Ich wasche mir die Augen mit Wasser.
Mit einem Bleistift notiere ich etwas auf den Beutel.
Der Reifen rollt über einen Krug.
In meinem Heft liegt ein Knochen.
In einem Flugzeug wird Fleisch transportiert.
Ein Schaf hat auf dem Rücken eine Gitarre festgebunden.
Eine Schere steche ich in ein Stück Holz.

Übung 3:
Ich male einen Apfel in ein Album.
Auf einem Hügel finde ich Geld.
Ein Stück Seil hängt in den Kaffee hinein.
Auf dem Dach wächst Gemüse.
Die Ente hat einen Wecker umhängen.
Die Sonne scheint vom Himmel.
Über eine elektrische Sicherung schütte ich Whisky.
Mit einer Kanone schieße ich gegen einen Berg.
Mit einem Pinsel bemale ich ein Band.
Ich kämme die Katze mit einem Kamm.

Ich stecke ein Stück Papier in eine Kanne.
Die Karre wird mit Farbe angestrichen.
Einige Birnen liegen auf dem Tisch.
Ich wische mir mit dem Handtuch einen Kuß weg.
Ein Zettel fällt mir in mein Getränk.
Ein verwelktes Blatt liegt auf einem Karton.
Mit Kreide male ich eine Rakete.
Ich verschütte Milch auf einen Stuhl.
Ein Auto fährt gegen eine Bank.
Ich mache ein Foto von einem preisgekrönten Salat.

Übung 4:

Ich zerhacke die Bank mit einem Beil.
Ein Zwerg hat Handschuhe an.
Ein Radiergummi fällt eine Leiter hinunter.
Ein Esel zertrampelt mir den Rasen.
Eine schöne Blume ist auf ein Gatter gemalt.
Ein Stück Eisen steckt in einer Tüte Zement.
Die Tante geht im Abendrot spazieren.
Ein wasserscheuer Junge bekommt einen Stoß und fällt in die Badewanne.
Ich verderbe mir den Magen mit Kaugummi.
Mein Bruder schwenkt eine Fahne.
Ich zerschneide den Fußball mit einem Messer.
Ich sehe den Zeppelin von einem Boot aus.
Ich lege eine Flagge auf einen Teller.
Ich gehe einen Weg entlang und laufe gegen ein Netz.
Ein kleines Kind spielt mit dem Busen der Mutter.
Ich verschütte Tee auf einem dreieckigen Wimpel.
Der Förster geht an der Küste auf Jagd.
Ich finde auf dem Bürgersteig eine Geldbörse.
Ich sehe in einem Raum zweimal den gleichen Tresor.
In einem Fenster hängt ein Schild.
Ein Polizist hat sich am Kopf verletzt.
Hinter der Gardine stehen zwei Schuhe.
Auf ein süßes Teilchen streue ich Salz.

Ich wische Staub von meiner Tasche weg.
In einem Schwimmbecken schwimmt ein Kissen.
Auf einem Plakat ist eine wunderschöne Flasche zu sehen.
Ich stoße einen Eimer auf dem Teppich um.
An einem Wolkenkratzer wird eine Lampe befestigt.
Am Strand vertreibt ein Sturm die Gäste.
Mit einem Nagel muß ich den zerbrochenen Besen zusammennageln.

2. Reiserouten, Einkaufszettel, Bestell-Listen; Grundmuster im Gehirn; die drei Gedächtnisarten

A Reiserouten

In diesem Kapitel sollen Sie mit Hilfe der bildhaften Assoziationstechnik Reiserouten, Bestell-Listen u. ä. behalten. Dazu müssen wir allerdings die Technik, mit der Sie Wortpaare behalten haben, etwas erweitern. Bitte schauen Sie sich einmal das folgende Beispiel an.

Beispiel: Auto – Laterne – Fluß – Hut – Dach – Huhn – Busch.

Diese Aufzählung von Wörtern ist eine sog. Wortreihe. Eine Wortreihe besteht immer aus mindestens drei Begriffen, bei der oft verlangt wird, daß Sie die Wörter in der richtigen Reihenfolge wiedergeben können. Damit Ihnen das gelingt, müssen Sie sich mit diesen Wörtern eine Geschichte ausdenken, die Sie dann als Film vor Ihrem geistigen Auge ablaufen lassen. Bitte stellen Sie sich einmal die folgende Geschichte vor, die ich Ihnen zu dieser Wortreihe erzählen möchte:

Sehen Sie sich, wie Sie in ein Auto steigen und mit diesem losfahren. Dabei fahren Sie prompt gegen eine Laterne. Diese Laterne kippt um in einen Fluß. In dem Fluß schwimmt zufällig ein alter Hut. Der wird natürlich dadurch herausgeschleudert und fällt auf ein Dach. Auf dem Dach sitzt gerade ein Huhn, das erschreckt sich und flattert gackernd in den nächsten Busch.

Wenn Sie sich diese Geschichte tatsächlich bildlich vorgestellt haben, dann haben Sie diese Wortreihe bereits im Gedächtnis, und das nicht nur vorwärts, sondern auch rückwärts. Denn Sie können jede Geschichte auch rückwärts vor Ihrem Auge abrollen lassen, obwohl Sie sie sich vorwärts vorgestellt haben. Bitte geben Sie jetzt die Wortreihe mit Hilfe Ihrer Bildfolge vor- und rückwärts wieder. Nun zu unserer Reiseroute. Wenn Sie eine bestimmte unbekannte Strecke durch eine Stadt oder von einer Stadt zur anderen fahren, dann versuchen Sie sich normalerweise den Weg zu merken, damit Sie ohne Schwierigkeiten wieder zurückfinden. Dabei orientieren Sie sich natürlich nicht an irgendwelchen Bäumen oder Ampeln, sondern an markanten Punkten, z. B. einer Brücke, einem Rathaus oder aber zumindest an einem sehr auffälligen Baum bzw. Ampel.

Würden Sie so wie in unserem Beispiel diese markanten Punkte als Reihe verknüpfen, hätten Sie bereits den Weg im Gedächtnis. Und das sowohl vorwärts als auch rückwärts. Das kommt Ihnen sehr gelegen, denn Sie wollen ja diese neue Route wieder zurückfinden, also rückwärts abrufen.

Aber nicht nur, wenn Sie eine unbekannte Strecke fahren, bauen Sie eine Wortreihe auf, sondern auch dann, wenn Ihnen ein Weg erklärt wird . Achten Sie dabei aber darauf, daß man Ihnen markante Punkte nennt, denn eine Beschreibung wie dritte Straße rechts, vierte Ampel links usw. ist viel zu kompliziert und meistens auch falsch.

In der Übung 5 stehen 25 markante Punkte einer Reiseroute, die nach Ihrer eigenen Wahl durch die Stadt oder über Land gehen kann. Sie sollen nun die Wörter in einer Bilderkette verknüpfen. Dazu haben Sie verschiedene Möglichkeiten:

Nehmen wir an, auf Ihrer Route kommen Sie als erstes an einem Rathaus vorbei. Stellen Sie sich bitte vor, wie Sie aus einem Fenster dieses Rathauses herausschauen. Als nächstes führt Sie Ihr Weg über eine Brücke. Stellen Sie sich vor, wie diese Brücke durch das Rathaus hindurchgeht, an dem Sie vorher vorbeikamen. Wieder etwas später müssen Sie über einen Platz. Stellen Sie sich nun vor, wie die vorherige Brücke auf diesen Platz führt. Noch später fahren Sie an einem Denkmal vorbei. Jetzt müssen Sie ein Bild sehen, wie dieses Denkmal auf dem Platz steht, über den Sie vorher fuhren.

Diese Art der Verknüpfung nennt sich Zweier-Verknüpfung, weil sie immer zwei markante Punkte zusammen in einem Bild unterbringt. Sie können diese Strecke aber auch durch ein fließendes Bild festhalten. Z. B. stellen Sie sich weiter vor: Das Denkmal versperrt Ihnen die Auffahrt, die in die Unterführung hineinführt. Diese geht durch einen langen Berg, am Ende des Berges müssen Sie an einer Bahnschranke halten. Darüber blinkt eine Ampel. Oder Sie sehen das Ganze aus der Vogelperspektive: Unter Ihnen blinkt die Ampel, dahinter erstreckt sich ein schöner Wald, in dessen Mitte ein Fernsehturm herausragt usw.

Sie haben also verschiedene Möglichkeiten, eine solche Strecke assoziativ festzuhalten. Nur eins dürfen Sie nicht tun: Nämlich sich vorstellen, wie Sie einfach nur an den einzelnen Punkten vorbeifahren. Wenn Sie das tun, dann sind die einzelnen Punkte nämlich nicht verknüpft, denn zur Verknüpfung gehört, daß die einzelnen Punkte, wie Denkmal, Auffahrt, Unterführung, räumlich dicht beieinander stehen. Das ist der Grund, warum das Denkmal *auf* der Auffahrt steht, warum die Auffahrt *in* die Unterführung *hinein*geht usw. Auf Ihrer tatsächlichen Reiseroute liegen Sie ja zwangsläufig weit auseinander.

Bitte verknüpfen Sie jetzt die Übung 5 nach Ihren eigenen Vorstellungen und rufen Sie die einzelnen Punkte aus Ihrem Gedächtnis vor- und rückwärts ab.

3½

Übung 5
Reiseroute, 25 markante Punkte vor- und rückwärts abrufen.

Rathaus – Brücke – Platz – Denkmal – Auffahrt – Unterführung – Berg – Bahnschranke – Ampel – Wald – Fernsehturm – Flughafen – Baugelände – Rennbahn – Burg – Hochhaus – Polizeihauptwache – Jahrmarkt – Teich – Wiese – Eiche – See – Friedhof – Bahnhof – Kirche

B Bestell-Listen und Einkaufszettel

Unter Bestell-Listen verstehe ich eine Reihe von Dingen, die Sie besorgen möchten, z. B. ein Flugticket, Obst, Briefmarken, ein Telefonbuch usw. Ein Einkaufszettel ist eine spezielle Form einer solchen Bestell-Liste, nämlich Dinge, die eine Hausfrau kaufen muß, also überwiegend Lebensmittel. Ich möchte Ihnen in diesem Abschnitt die Assoziationstechnik für einen Einkaufszettel erklären, also den Spezialfall einer Bestell-Liste. Für beide Fälle (Einkaufszettel und Bestell-Liste) gilt natürlich die gleiche Technik!

Bitte schauen Sie sich einmal die Übung 6 an. Dort stehen 20 Besorgungen in ziemlich willkürlicher Reihenfolge niedergeschrieben. Wenn Sie diese Wortreihe in der vorgegebenen

Reihenfolge speichern wollen, dann müssen Sie aus diesen Wörtern wieder eine Geschichte bilden. Aber in dieser Art würde eine Hausfrau niemals einen Einkaufszettel zusammenstellen, geschweige denn ins Gedächtnis aufnehmen. Eine Hausfrau würde nämlich alles das, was sie einkaufen will, nach Gruppen sortieren. Diese Gruppen können verschiedener Art sein: Nach der Art, wie sie in den Geschäften und Läden zu finden sind, z. B. Brot, Kuchen, Schokolade beim Bäcker; Fisch, Wurst, Gans beim Fleischer usw. Oder sie sortiert nach den einzelnen Fächern und Schränken in der Küche. Möglichkeiten, in Gruppen zu ordnen, gibt es also genug. Warum aber macht man das, in Gruppen ordnen? Diese Frage ist schnell und einfach beantwortet: Gruppen sind bereits bestehende Assoziationen, die Sie aus Ihrer Erfahrung heraus noch einmal reproduzieren. So etwas ist immer etwas leichter, als wenn Sie nur mit der Phantasie ein völlig neues Bild aufbauen.

Bitte ordnen Sie den Einkaufszettel erst einmal schriftlich in mehrere Gruppen. Anschließend brauchen Sie sich die einzelnen Gruppen nur noch in Kartons, in Fächern oder in Körben vorzustellen. Beispiel: In einem Korb liegen Wurst, Fisch, Gans und Fleischsalat zusammen. Anschließend prüfen Sie, ob Sie die einzelnen Gruppen aus dem Gedächtnis heraus niederschreiben können.

Übung 6

Einkaufszettel, 20 Dinge nach Gruppen ordnen und assoziieren. 4 Minuten. (Die Zeit gilt nur für das Vorstellen.)

Wurst – Brot – Salat – Eier – Margarine – Gewürze – Äpfel – Zwiebeln – Schokoladentafeln – Kuchen – Fleischsalat – Haferflocken – Zigaretten – Kartoffeln – Tabletten – Zwieback – Knöpfe – Nüsse – Gans – Fisch.

Wenn Sie mit Einkaufszetteln Erfahrung gewonnen haben, dann stellen Sie doch einmal eine Bestell-Liste zusammen und assoziieren Sie sie in Gruppen. Sie werden sehen, es klappt ausgezeichnet.

Zum Schluß noch eine kleine Anmerkung: Wenn Sie wirklich einmal eine Reihe von Besorgungen in der richtigen Reihenfolge behalten müssen, dann lesen Sie bitte im vierten Kapitel den Abschnitt »Terminabläufe«. Dort werden Besorgungen in einer streng vorgegebenen Reihenfolge gespeichert.

C Grundmuster im Gehirn

Jeder normal entwickelte Mensch besitzt ungefähr 25 Milliarden Gehirnzellen. Diese Gehirnzellen können natürlich nur dann ein denkendes Gehirn bilden, wenn sie untereinander in Verbindung stehen und Informationen einander weitergeben können. Der Biologe nennt so etwas die Vernetzung der Gehirnzellen. Wie das Gehirn letztlich arbeitet, hängt davon ab, welche Gehirnzelle mit welcher in Verbindung steht. Deshalb ist das Gehirn eines Neugeborenen noch sehr unvollkommen vernetzt. Jetzt erst, wo das Kind Umwelteindrücke aufnimmt, wo es also lernt, verbinden sich die einzelnen Gehirnzellen nach und nach vollständig miteinander. Denn nur so erreicht der Mensch die größtmögliche Chance, mit seiner Umwelt zurechtzukommen, denn sein Gehirn vernetzt sich so, wie er es im Kampf um das Dasein später braucht, wenn er auf sich allein gestellt ist. Man könnte auch sagen: »Seine Hardware stellt sich auf die Umwelt ein, Eindrücke aus der Umwelt schlagen sich in direkten anatomischen Veränderungen nieder.« Also wird sich auch das Gehirn bei verschiedenen Umwelten verschieden vernetzen. Nach etwa drei Monaten (von der Geburt ab gezählt) ist bereits der größte Teil der Gehirnzellen verknüpft, nach etwa zwei Jahren ist dieser Vorgang so gut wie vollständig abgeschlossen. Dann ist auch die Art und Weise, wie ein Mensch lernt, was für eine Persönlichkeit er ist und ähnliches, größtenteils festgelegt.

Wenn ein Lehrer und ein Schüler in einer sehr verschiedenen Umwelt aufgewachsen sind, dann finden wir natürlich auch eine unterschiedliche Vernetzung der beiden vor. Der Biologe spricht davon, daß beide ein stark voneinander verschiedenes Grundmuster des Gehirns besitzen. Ist dies der Fall, dann kann es dazu kommen, daß Lehrer und Schüler aneinander vorbeireden. Sie können sich noch so umeinander bemühen, der Schüler wird dennoch schlechte Leistungen aufweisen, einfach deshalb, weil beide auf verschiedenen »Wellenlängen« denken und begreifen.

D Die drei Gedächtnisarten

Das Gedächtnis wird in drei Arten unterteilt:

a) (Ultrakurzzeitgedächtnis) Abkürzung UKZG
b) (Kurzzeitgedächtnis) Abkürzung KZG
c) (Langzeitgedächtnis) Abkürzung LZG

Diese drei Gedächtnisse sind in Ihrer Funktion hintereinander geschaltet, d. h., jede Information, die der Mensch aufnimmt, gelangt zuerst einmal in das UKZG. Nun kann es sein, daß diese Information nicht sehr wichtig war und deshalb nach wenigen Sekunden wieder aus dem Gedächtnis verschwindet. Wenn das passiert, dann ist diese Information nie über das UKZG hinausgekommen. Nur dann, wenn eine Information aufgrund ihrer Wichtigkeit länger als 20 Sekunden (nach Vester) erhalten bleibt, dann wird sie weiter in das KZG transportiert. Hier ist ebenfalls die Aufbewahrungszeit begrenzt, und zwar auf mehrere Minuten. Wenn nämlich eine Information im KZG länger als 20 Minuten aufrechterhalten bleibt, dann wird sie weitergeschickt ins LZG. War die Information aufgrund ihrer geringen Wichtigkeit oder Einprägsamkeit nur z. B. 15 Minuten im KZG, dann verschwindet sie, ohne je ins LZG gelangt zu sein. Das LZG ist nun das endgültige Gedächtnis, aus dem der Mensch alle die Daten, Vokabeln oder

z. B. Namen abruft, die bereits vor länger als 20 Minuten (KZG) und 20 Sekunden (UKZG) aufgenommen wurden.

Natürlich können auch diese Informationen vergessen werden, vielleicht nach 30 Minuten oder 5 Stunden oder 10 Tagen oder sogar erst nach Jahren. Denn das LZG bietet auch keine Dauergarantie. Das hängt nämlich nur davon ab, wie oft Sie die Informationen gebrauchen und damit gleichzeitig wiederholen und wie einprägsam die Information gewesen ist. Und da sind wir auch bei unserer Methode angelangt. Durch die Assoziationstechnik ändern wir abstrakte und wenig einprägsame Fakten in anschauliche und einprägsame ab, wodurch der Reiz im Gedächtnis sehr stark wird und Sie diese Informationen erstaunlich lange behalten können.

Für die ganz Interessierten sei noch kurz erwähnt, daß das UKZG aus elektrischen Schaltkreisen besteht, das KZG aus Ribonukleinsäure-Ketten und das LZG aus Eiweißmolekülen.

Frageseite

1. Wie behalten Sie Reiserouten?
2. Welche spezielle Technik benutzen Sie bei Einkaufszetteln?
3. Was kann passieren, wenn Lehrer und Schüler ein unterschiedliches Grundmuster besitzen?
4. Welche drei Arten Gedächtnis gibt es?

① assoziieren
② Gruppen bilden
③ Sie reden an [illegible]
④ UKZG
KZG
LZG

es geht doch

Antwortseite

1. Sie verknüpfen die markanten Punkte einer Reiseroute in der Reihenfolge, wie Sie an ihnen vorbeifahren. Dadurch haben Sie die markanten Punkte sowohl vorwärts als auch rückwärts in der richtigen Reihenfolge im Gedächtnis.

2. Einkaufszettel und Bestell-Listen sortieren Sie in Gruppen. Diese Einteilung ist natürlich subjektiv und besteht deshalb automatisch aus bereits vorgeprägten Assoziationen, die sich in ihrer Erfahrung festgesetzt haben.
Wenn falsch: Abschnitt B.

3. Beide können aneinander vorbeireden und haben damit Mühe, sich gegenseitig Informationen und Wissen verständlich zu vermitteln.
Wenn falsch: Abschnitt C.

4. Das Ultrakurzzeitgedächtnis (UKZG); das Kurzzeitgedächtnis (KZG); das Langzeitgedächtnis (LZG).
Wenn falsch: Abschnitt D.

Ideenliste

Übung 5
Wir beginnen wieder mit dem Fernsehturm: Vom Fernsehturm aus sehen Sie einen Flughafen. Ein Teil des Flughafens wird noch gebaut, das ist das Baugelände, in der Nähe hören Sie Motorengeräusch, und als Sie hinschauen, sehen Sie dort eine Rennbahn. Die Rennbahn geht durch die alte Burg hindurch. Hinter der Burg ragt ein Hochhaus empor. In diesem Hochhaus ist eine Polizeihauptwache untergebracht. Sie sehen, wie einige Polizisten ausrücken, hinüber zum Jahrmarkt. Dort ist jemand in den Teich gefallen, er wird auf eine Wiese gelegt unter einer Eiche. Wenn Sie auf die Eiche klettern, können Sie in weiter Ferne einen See sehen, in der Nähe liegt ein schöner Friedhof, und vor dem Friedhof ist ein Bahnhof, und Züge fahren von dort aus an einer Kirche vorbei.

Übung 6
Folgende Gruppen können Sie aufbauen: Ich sehe in einem Korb Wurst, Fleischsalat, eine Gans und Fisch. In einem anderen Korb sehe ich Brot, Eier, Margarine, Schokoladentafeln, Kuchen, Haferflocken und Zwieback. In einer großen Tüte habe ich Salat, Gewürze, Äpfel, Zwiebeln, Kartoffeln und Nüsse. In einer Schachtel liegen Zigaretten, Tabletten und Knöpfe.

3. Terminabläufe, Stundentermine; der große Streit: Anlage oder Umwelt

A Terminabläufe

So etwas kann Ihnen passieren: Ihr Chef ruft Sie morgens ins Büro und nennt Ihnen 12 Dinge, die Sie heute im Laufe des Tages erledigen müssen, z. B. den Firmenwagen aus der Werkstatt holen, zum Flughafen fahren, dort den Geschäftsfreund abholen usw. Nicht nur, daß Sie diese Termine und Erledigungen im Kopf behalten müssen, Sie müssen darüber hinaus auch in der Lage sein, die richtige Reihenfolge abzurufen.

Das klingt schwierig, ist es aber nicht, wenn Sie wieder die Assoziationstechnik anwenden. Bitte schauen Sie sich einmal die 12 Termine in der Übung 7 an. Wenn Sie diese Termine im Laufe des Tages erledigen, dann sind Sie abends ohne Schwierigkeiten in der Lage, sich an den Tagesablauf genau zu erinnern. Warum das so ist, ist Ihnen klar, weil Sie als praktischer Lerntyp selber hoch aktiv gewesen sind. Und das werden wir für unser Gedächtnis ausnutzen. Es spielt nämlich für Ihr Gedächtnis keine große Rolle, ob Sie etwas wirklich tun oder ob Sie sich nur vorstellen, wie Sie etwas tun. In beiden Fällen leistet Ihr Gedächtnis ungefähr das gleiche. Also gehen Sie hin und stellen sich bitte intensiv vor dem geistigen Auge vor, wie Sie die einzelnen Termine wahrnehmen. Versuchen Sie, sich darüber hinaus auch in einigen Fällen gefühlsmäßig zu binden, denn Sie wissen ja, daß Bilder besser im Gedächtnis haften, wenn Sie sie angenehm oder auch unangenehm berühren.

Beispielsweise stellen Sie sich vor, wie Sie zum Wagen hetzen, ihn aus der Werkstatt fahren, am Flugplatz verzweifelt einen Parkplatz suchen, beinahe den Geschäftsfreund nicht gefunden hätten usw. Wenn Sie solche Bilder aufbauen, dann bereitet Ihnen Ihr Gedächtnis keine Schwierigkeiten mehr.
Bitte machen Sie jetzt die Übung 7.

Übung 7
Einmal vorlesen lassen und anschließend aus dem Gedächtnis heraus in Stichworten niederschreiben.
/ Firmenwagen aus der Werkstatt holen, / zum Flughafen fahren, den Geschäftsfreund abholen, / mit ihm in die Firma, dort Besprechung; / anschließend essen, / dann mit ihm zu der Tochterfirma Maschinen besichtigen. / Geschäftsfreund im Hotel unterbringen, / alleine zur Buchhandlung, / vier Bücher abholen, / zum Zahnarzt Krankenschein abgeben / und neuen Termin machen; / anschließend tanken / und Geschäftsfreund wieder abholen; ihm die Stadt zeigen. /

Anmerkung: Es befindet sich in dieser Übung immer ein Termin zwischen zwei Strichen, um Ihnen die anschließende Kontrolle zu erleichtern. Die einzelnen Termine brauchen nur sinngemäß und nicht wortwörtlich wiedergegeben zu werden. Warum steht das nicht vor der Übung!

B Stundentermine

Wenn Sie sich merken wollen, um wieviel Uhr Sie einen Termin haben, dann kommen Sie mit der Technik aus der Übung 7 nicht weiter. Denn Sie brauchen dann ein System, mit dem Sie Stunden (also Zahlen) in Bilder umwandeln können. Dieses System sieht folgendermaßen aus:

Unsere Zahlensymbole

0 – Seifenblase
1 – Bleistift
2 – Schwan
3 – Kleeblatt
4 – Stuhl
5 – Hand
6 – Elefant
7 – Fahne
8 – Eieruhr
9 – Trillerpfeife
10 – Billardstock mit Kugel
11 – Zwei Ski
12 – Gespenst

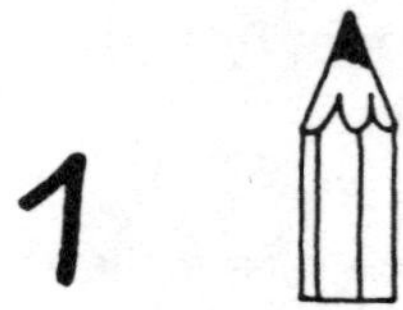

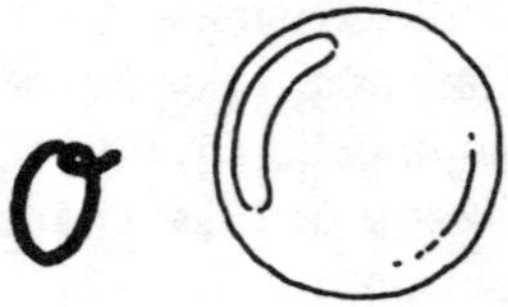

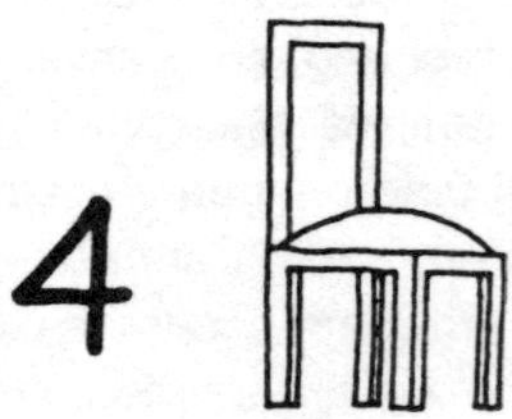

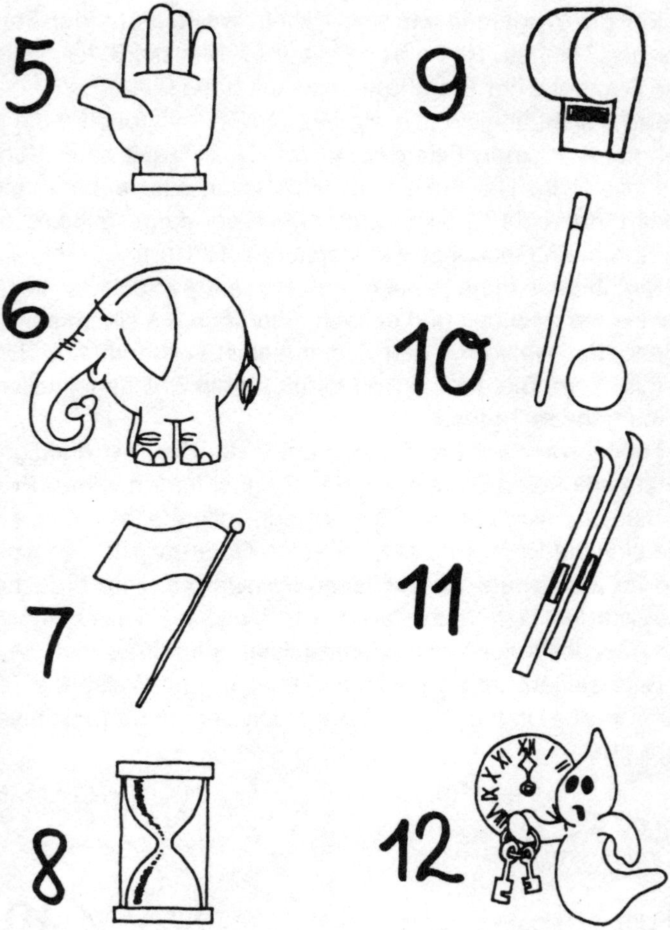

Für die 1 nehmen wir einen Bleistift, weil dieser eine ähnliche Form hat wie die 1. Das gleiche gilt für den Schwan, er hat eine ähnliche Form wie die 2. Für die 3 nehmen Sie bitte ein dreiblättriges Kleeblatt (die Zahl der Blätter und die Form der Blätter), für die 4 einen Stuhl mit vier Beinen. Die 5 wird dargestellt durch eine Hand (fünf Finger), die 6 ist ein Elefant, der seinen Rüssel nach unten hin eingerollt hat.

Für die 7 nehmen wir eine Fahne, weil sie von der Form her der 7 ähnelt. Das gleiche gilt wieder für die 8, für die ich das Symbol einer Eieruhr ausgewählt habe.

Die 9 sieht ähnlich aus wie eine Trillerpfeife, und für die 10 nehmen wir einen Billardstock (als Ziffer 1) mit einer Kugel (für die Null). Die letzten beiden Zahlen sind auch schnell erklärt, denn die 11 wird durch zwei Skier dargestellt und die 12 durch ein Gespenst (Geisterstunde 12 Uhr).

Sie haben schon gemerkt, daß sich die Symbole zu diesen Zahlen sehr schnell und einfach einprägen, da sie immer auf irgendeine Weise mit den Zahlen selbst verwandt sind. Und damit haben Sie auch schon Bilder für die Stundeneinteilung eines ganzen Tages.

Nehmen wir an, Sie müssen um 9 Uhr die Post erledigen. Jetzt verknüpfen Sie einfach das Symbol für 9 mit Ihrer Post. Stellen Sie sich vor, wie Sie auf der Trillerpfeife pfeifen und wie sich die Post von selbst erledigt. Oder um 1 Uhr müssen Sie im Zweigwerk Auszubildende einweisen. Hier brauchen Sie sich lediglich vorzustellen, wie Sie die Anweisungen für die Auszubildenden mit einem Bleistift notieren usw.

Bitte stellen Sie sich jetzt in dieser Art und Weise die Termine in der Übung 8 vor. Sie werden sehen, es funktioniert sehr gut.

Übung 8
Stundentermine

9 Uhr – Post erledigen
10 Uhr – Anzeige in der Zeitung aufgeben
11 Uhr – Besprechung beim Chef
12 Uhr – Kollegen vertreten, der Mittag macht
1 Uhr – Im Zweigwerk Auszubildende einweisen
2 Uhr – Absprache mit den Lagerleitern

3 Uhr – Fahrer für den nächsten Tag einteilen
4 Uhr – Herrn Müller anrufen

Anmerkung: Wenn Sie Schwierigkeiten haben, sich Herrn Müller vorzustellen, dann greifen Sie einfach auf den Beruf des Müllers zurück.

C Der große Streit: Anlage oder Umwelt

Wie kommen Sie zu Ihrer Intelligenz, Ihrer Persönlichkeit oder Ihrem Charakter? Das ist leicht zu beantworten, werden Sie vielleicht sagen: Die Intelligenz habe ich vererbt bekommen, meine Persönlichkeit und mein Charakter haben sich durch Erlebnisse und Erfahrungen nach und nach geprägt.

Aber so einfach scheint es nun doch wiederum nicht zu sein. Denn bis zum heutigen Tage herrscht unter Natur- und Geisteswissenschaftlern immer noch ein erbitterter Streit, woher das, was den Menschen als fühlendes und denkendes Wesen ausmacht, kommt.

In früheren Zeiten nahmen Philosophen wie z. B. Kant an, daß der Mensch aus angeborenen Ideen besteht, die nur noch aktiviert werden müßten. Im 17. Jahrhundert haben dann Leute wie Hobbes diese Anschauung umgedreht, indem sie die Meinung vertraten, das Gehirn des Menschen sei bei der Geburt wie eine leere Tafel (tabula rasa), die erst noch beschrieben werden müßte.

Hinter all diesen Anschauungen standen natürlich noch keine wissenschaftlichen Untersuchungen. Erst mit Beginn des 20. Jahrhunderts wurden solche Untersuchungen nach und nach an ein- und zweieiigen Zwillingen durchgeführt, um zu gesicherten Erkenntnissen zu gelangen. So versuchte man beispielsweise festzustellen, wie sehr sich Zwillinge auseinanderentwickeln, wenn sie getrennt aufwachsen, im Unterschied zu solchen, die in der gleichen Familie zusammenblieben. Die hauptsächlichen Untersuchungen bezogen sich dabei auf die Intelligenz dieser Zwillinge. Heute ist man aufgrund solcher Untersuchungen der Meinung, daß sich Anlage und Umwelt 50 zu 50 % an der geistigen Entwicklung eines Menschen beteiligen. Also ist es durchaus sinnvoll, geistige Fähigkeiten zu üben und zu trainieren, denn inzwischen ist eines sicher: Das Gedächtnis, die Konzentration, die Kreativität und die Intelligenz lassen sich in einem gewissen Rahmen schulen, auch wenn Sie von manchen Menschen auch heute noch das Gegenteil hören.

Frageseite

1. Wie behalten Sie Terminabläufe, bei denen es zwar nicht auf die Stundenzeit ankommt, aber auf die genaue Reihenfolge?
2. Durch welches Hilfsmittel können Sie Stunden in Bilder umsetzen?
3. Wodurch sind Eigenschaften wie Gedächtnis, Konzentration, Kreativität und Intelligenz bestimm, und lassen sie sich trainieren?

Antwortseite

1. Sie versetzen sich so bildhaft und gefühlsmäßig in den Terminablauf, als würden Sie die einzelnen Termine bereits wahrnehmen.
Wenn falsch: Abschnitt A

2. Stunden werden einfach durch die Zahlen 1, 2, 3 usw. ausgedrückt. Für diese Zahlen werden dann Symbole gesucht, die irgendwie mit der Zahl selbst verwandt sind, damit Sie mit ihnen ohne Schwierigkeiten spontan umgehen können.
Wenn falsch: Abschnitt B

3. Fähigkeiten wie Gedächtnis usw. werden sowohl durch die Anlage als auch durch die Umwelt bestimmt (etwa 50 zu 50 %) und lassen sich zum Teil sogar erstaunlich gut trainieren.

Ideenliste

Übung 7
Terminablauf
Sie hetzen zur Werkstatt, holen dort den Firmenwagen, fahren mit ihm zum Flughafen, suchen dort verzweifelt einen Parkplatz, hätten fast den Geschäftsfreund verpaßt, fahren mit ihm zur Firma, besprechen dort in aller Ruhe einiges, anschließend knurrt Ihnen der Magen, Sie gehen essen, dann zeigen Sie ihm in der Tochterfirma stolz einige Maschinen, danach bringen Sie ihn in einem Ihnen bekannten Hotel unter, fahren dann schnell hinüber zu einer Buchhandlung, die Sie kennen, stellen sich vor, wie sie in jeder Hand zwei Bücher halten, während Sie das Geschäft verlassen, gehen zu Ihrem bekannten Zahnarzt, stecken den Krankenschein in den Briefkasten und notieren auf einem Zettel einen neuen Termin, dann tanken Sie an der Firmentankstelle und holen den Geschäftsfreund wieder aus dem Hotel ab, um ihm die Stadt zu zeigen.

(Sie haben gesehen, daß ich meistenteils Emotionen mit in das Bild hineingebracht habe.)

Übung 8
Terminkalender

Sie pfeifen auf der Trillerpfeife, und die Post erledigt sich wie von selbst.

Sie geben eine Anzeige auf, indem Sie einen Freund für eine Billardpartie suchen.

Im Besprechungszimmer Ihres Chefs stehen in der Ecke zwei Skier.

In dem Zimmer, wo Sie Ihren Kollegen vertreten, sehen Sie plötzlich ein Gespenst.

Während Sie die Lehrlinge einweisen, notieren Sie alles mit dem Bleistift.

Sie besprechen mit den Lagerleitern eine Lieferung von Schwänen ab.

Während Sie die Fahrer für den nächsten Tag einteilen, malen Sie gelangweilt Kleeblätter auf Ihr Blatt Papier. Herr Müller sitzt auf einem Stuhl, als Sie ihn anrufen.

(Natürlich entsprechen diese Bilder nicht der Realität, aber trotz allem werden Sie die richtigen Termine wieder abrufen können, und zwar leichter, als wenn Sie das natürliche Gedächtnis einsetzen.)

4. Vorträge halten aus dem Gedächtnis

A Vorträge

Wer kennt nicht die Redner, die sich bei einer Rede fest an ihr Konzeptpapier klammern, dabei vielleicht sogar den Kopf meistenteils gesenkt halten, da sie ja leider den Vortrag, den sie halten wollen, ablesen. »Diesen Vortrag hätte er auch gedruckt verteilen können, und wir hätten ihn dann zu Hause gemütlich im Sessel lesen können«, ist dann oft das Urteil der Zuhörenden.

Vorträge sollten also frei gehalten werden, nach Möglichkeit aus dem Gedächtnis heraus. Aber das ist leichter gesagt als getan, denn wer hätte keine Angst, in einem solchen Falle steckenzubleiben.

Wenn Sie jedoch die folgende Vortragstechnik anwenden, dann werden Vorträge für Sie bald kein Problem mehr sein, weil Sie mit dieser Technik Vorträge halten können, die bis zu 90 Minuten lang sind, ohne daß Gefahr besteht, steckenzubleiben. Das mag zwar im ersten Moment übertrieben klingen, ist es aber nicht im geringsten.

Nehmen wir einmal an, Sie wollen einen Vortrag »über die Volkshochschule in der heutigen Zeit« halten. Zu diesem Vortrag haben Sie bereits 12 Unterpunkte erarbeitet, z. B.

1. Finanzen der Volkshochschule
2. Gebäude der Volkshochschule usw.

Die 12 Unterthemen habe ich einmal in der Übung 9 niedergeschrieben. In der dortigen Form ergibt sich für diese Unterthemen automatisch eine Numerierung von 1 bis 12. Wenn Sie nun die Symbole (1 = Bleistift, 2 = Schwan) für die Zahlen von 1 bis 12 in den einzelnen Untertiteln verknüpfen, dann sind Sie in der Lage, diese Unterthemen lückenlos abzurufen.

Z. B. stellen Sie sich bei Finanzen der Volkshochschule vor, wie Sie mit einem Rotstift (1) den Etat kürzen, oder Sie stellen sich bei Gebäude der Volkshochschule vor, wie darauf ein schöner Schwan (2) gemalt ist usw. Nach dem auf diese Art und Weise alle Untertitel verknüpft sind, stellen Sie sich einfach einmal vor den Spiegel und beginnen laut, die einzelnen Punkte abzurufen. Damit daraus auch ein richtiger Vortrag wird, sagen Sie aus dem Stegreif heraus zu jedem Punkt das, was Sie dazu wissen. Auf diese Art und Weise wird nach einigen Üben ein schöner und flüssiger Vortrag entstehen. Bitte machen Sie jetzt die Übung 9

Übung 9
Vortragstechnik
Sie halten den folgenden Vortrag mit dem Titel: Die Volkshochschule in der heutigen Zeit

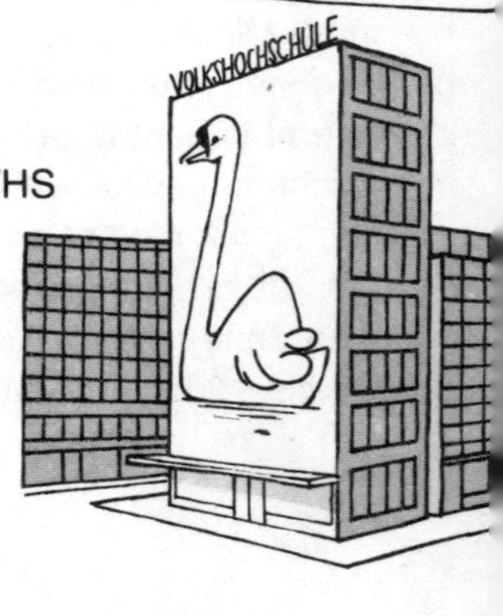

1. – Finanzen der VHS
2. – Gebäude der VHS
3. – Die Programmplanung der VHS
4. – Personal der VHS
5. – Das Kursangebot der VHS
6. – Teilnehmer der VHS
7. – Dozenten der VHS

8. – Studienreisen der VHS
9. – Wochenendveranstaltungen der VHS
10. – Dozentenfortbildungsprogramm der VHS
11. – Organisation der VHS
12. – Werbung der VHS

Wenn Sie der Meinung sind, daß Sie zu jedem Punkt nicht genügend Wissen für einen Vortrag haben, dann gehen Sie in unserer Technik einfach einen Schritt weiter. Bringen Sie dann in die einzelnen Bilder noch die Informationen mit hinein, die Ihrer Meinung nach wichtig sind und die Sie auf keinen Fall in Ihrem Vortrag missen möchten. Beispielsweise wollen Sie bei den Finanzen der Volkshochschule darauf zu sprechen kommen, daß zwar Geld im Landesetat vorgesehen ist, daß die Kurse dennoch beschnitten werden müssen. Dann stellen Sie sich doch einfach in Ihrem Bild vor, wie Sie mit dem Rotstift das Geld, das vom Land kommt, quittieren und wie Sie im Programmheft der Volkshochschule bestimmte Kurse mit diesem Rotstift streichen. Auf diese Art und Weise speichern Sie nämlich alles das in Ihren Bildern, was Ihrer Meinung nach wichtig und erwähnenswert ist. Und was in Ihren Bildern nicht festgehalten ist, das wissen Sie sowieso, denn schließlich sind Sie ja Fachmann auf dem Gebiet, auf dem Sie einen Vortrag halten.

Frageseite

1. Wie behalten Sie Vorträge?

Für 2 leere Seiten muß ich Geld bezahlen!

Antwortseite

1. Die Unterthemen eines Vortrages verknüpfen Sie mit den einzelnen Symbolen von 1 bis 12. Zusätzliche Informationen nehmen Sie noch mit in diese Bilder auf, über die Grundkenntnisse verfügen Sie ohnehin, da Sie ja schließlich Fachmann auf diesem Gebiet sind.

Ideenliste

Übung 9

Vortragstechnik

Ich kürze mit dem Rotstift die Finanzen für die VHS. Auf den Gebäuden der VHS ist ein schöner Schwan gemalt. Auf der Programmplanung der VHS sehe ich ein Kleeblatt.

Das Personal der VHS sitzt auf Stühlen.

Ich halte in meiner Hand das Kursangebot der VHS.

Die Teilnehmer der VHS sehen einen Dia-Vortrag über Elefanten.

Die Dozenten der VHS kommen fahnenschwenkend in den Unterrichtsraum.

Die Dauer der Studienreisen der VHS werden mit der Eieruhr gemessen.

Bei den Wochenendveranstaltungen geht es hoch her, durch Trillerpfeifen verschafft man sich Gehör.

Während des Dozentenfortbildungsprogramms der VHS wird auch Billard gespielt.

In der Organisationsabteilung der VHS stehen zwei Skier.

In dem Raum der VHS, wo die Werbung betrieben wird, herrscht ein guter Geist.

5. Konferenztexte, Gespräche, Telefonate und Diskussionen; die geistige Entwicklung eines Menschen

A Konferenztexte und Gespräche

Wenn Sie in einer Konferenz sitzen, dann strömen innerhalb von einigen Stunden sehr viele verschiedene Fakten auf Sie ein. Natürlich können Sie diese Daten und Fakten mitschreiben, aber es ergibt sich oft das Problem, daß Sie später nach dem Inhalt einer solchen Konferenz gefragt werden, ohne daß Sie Ihr Konzeptpapier dabeihaben. Gut wäre es, wenn Sie dann zumindest den groben Inhalt solcher Konferenzen im Gedächtnis hätten, um auf wichtige Fragen antworten zu können.

Die Assoziationstechnik dazu ist ähnlich wie bei unserem Terminablauf. Sie müssen versuchen, sich die wichtigsten Punkte sinngemäß vorzustellen, damit sie von Ihrem Gedächtnis aufgenommen werden können. Dazu finden Sie in der Übung 10 eine solche Konferenz. Bitte lesen Sie sich den Text einmal langsam durch, und stellen Sie sich möglichst plastisch den Inhalt vor. Dabei können Sie sich entweder in den Redner hineinversetzen oder in einen Zuhörer. Wenn dann z. B. gesagt wird, daß die Krankmeldungen zurückgegangen sind, dann können Sie sich einen großen Stapel Krankenscheine vorstellen (vom letzten Monat) und daneben einen kleinen (dieser Monat). Oder bei der Filiale sehen Sie einfach ein Gebäude mit Girlanden behangen usw.

Bei der Probe später spielt die Reihenfolge der abgerufenen Fakten keine Rolle. Immer eine Information steht wieder zwischen zwei Strichen, um die Kontrolle zu erleichtern.

Bitte machen Sie jetzt die Übung 10.

Übung 10

Konferenz; einmal lesen und in Stichworten niederschreiben.

Zusammenfassend können wir sagen, daß die Zahl der Krankmeldungen in unserer Firma zurückgegangen ist. / Weiterhin werden wir schon im nächsten Monat / die lang ersehnte Filiale einweihen. / Professor Schuster / wird dazu über das Thema Expansion in der Wirtschaft referieren. / Gleichzeitig wollen wir eine größere Summe an das »Rote Kreuz« spenden. / Der Vorstand hat des weiteren seine Freude darüber ausgedrückt, daß nun auch die beiden / letzten veralteten Bandstraßen modernisiert sind, / wodurch die Ausstoßkapazität spürbar erhöht wurde. / Für den Sommer / hat die Firma einen Betriebsausflug / von einem Tag / angesetzt, wozu die neueingestellten / Auszubildenden ebenfalls herzlich eingeladen sind. / Abschließend können wir nur noch einmal feststellen: Es geht weiterhin bergauf. Ich danke Ihnen. / (Die Reihenfolge der Fakten spielt bei der Kontrolle keine Rolle.)
Wenn Sie im Gespräch mit einem Kunden sind, dann wenden Sie das gleiche Prinzip wie bei unserer Konferenz an. Stellen Sie sich einfach während des Gesprächs oder in den kurzen Pausen dazwischen die wichtigsten Punkte noch einmal bildlich vor. Dabei ist es sicherlich leicht für Sie, auch Emotionen mit hineinzubringen, denn schließlich sind die erörterten Punkte für Sie meistens sehr wichtig. Probieren Sie es einmal in Ihrem nächsten Gespräch aus, denn Sie wissen ja: Nur Übung macht den Meister.

B Telefonate und Diskussionen

Bei einem Telefonat sind Sie selber meistens dann der Zuhörer, wenn Sie von jemandem angerufen werden. Es werden Ihnen dann eine Reihe von Informationen mitgeteilt, ähnlich so, als säßen Sie in einem Vortrag.

Wenn Sie dabei in die Notlage kommen, nichts mitschreiben zu können, dann verlassen Sie sich wieder auf Ihr assoziatives Gedächtnis. In der Übung 11 finden Sie ein solches Telefonat. Bitte lesen Sie den Text langsam durch, und stellen Sie sich wieder intensiv den Inhalt vor. Das wird Ihnen nicht sehr schwerfallen, denn Taschenrechner und Diktiergeräte sind anschauliche Geräte, und die beiden Namen sind Ihnen ebenfalls geläufig, einmal als Beruf und einmal als Zeitschrift.

Machen Sie jetzt die Übung 11.

Übung 11
Telefonat; einmal lesen und wiedergeben.

Guten Tag Herr Müller, bitte liefern Sie mir morgen die beiden Diktiergeräte Marke Brigitte sowie den gewünschten Taschenrechner. Die Bedienungsanleitung schicken Sie mit getrennter Post nach Hamburg. Sobald alles bei mir eingetroffen ist, schicke ich Ihnen Grafiken und Fotos für die Werbekampagne. Auf Wiederhören!

Bitte üben Sie das gleiche Assoziationsprinzip noch einmal an Übung 12.

Übung 12
Telefonat; einmal lesen und wiedergeben.

Guten Tag, mein Name ist Baum, Waschmaschinenhersteller, wie Sie wissen. Wir hätten gerne wieder Ihr Verpackungsmaterial, Farbe Braun, für unsere Maschinen. Wir brauchen die übliche Menge mit den Kunststoffbändern und Dach sowie Boden mit Holzverstärkung. Unser Fahrer holt das Ganze mit unserem LKW gegen Ende der Woche ab. Rechnung bitte nach Düsseldorf.

Eine Diskussion ist ein Sonderfall der Konferenz. Hier versuchen zwei oder mehrere Personen, sich gegenseitig durch Argumente vom eigenen Standpunkt zu überzeugen. Für eine solche Diskussion gibt es für Sie nur zwei Möglichkeiten: Entweder wollen Sie vorher in Ihrem Gedächtnis Argumente verankern, um sie anschließend an den Mann zu bringen, oder aber Sie wollen den Inhalt der Diskussion speichern. Für den ersten Fall (wo Sie also Argumente speichern wollen), können Sie unser Zahlensystem von 1 bis 12 benutzen. Sie verknüpfen einfach diese Argumente mit den Symbolen, entweder pro Argument ein Symbol oder wenn es mehr Argumente sind, dann einfach mehrere Argumente hinter ein Symbol.

Hierbei könnten Sie diese Argumente sogar nach ihrer Art und Weise in Gruppen aufteilen (also Gruppe 1 mit dem Bleistift, Gruppe 2 mit dem Schwan verbinden usw.).

Wollen Sie aber nur den Inhalt der Diskussion ins Gedächtnis aufnehmen, dann gehen Sie genauso vor wie bei Konferenzen oder Telefonaten. Sie stellen sich einfach wichtige Punkte des Inhalts als plastische Bilder vor.

C Die geistige Entwicklung eines Menschen

Mit diesem Problem hat sich der Schweizer Psychologe Piaget sehr intensiv befaßt. Er stellte fest, daß Kinder ihre Reise durch die Welt zunächst einmal als naive Realisten antreten, denn sie vertrauen allen Dingen so, wie sie auf den ersten Blick erscheinen. Das geht immer so lange gut, bis sie plötzlich merken, daß auch etwas ganz anders sein kann, als es zunächst scheint.

Dazu ein Beispiel:

Wenn die eine Sache höher ist als die andere, dann bedeutet das für ein 5jähriges Kind immer, daß das eine mehr ist als das andere. Für ihn ist die Höhe ein verläßliches Merkmal für »mehr als«. Ein 7jähriger hat aber inzwischen schon ganz andere Erfahrungen gesammelt. Er hat gelernt, daß zu »mehr als« auch noch die Dimensionen der Breite und Länge hinzukommen. Sein Konzept von den Dingen ist inzwischen objektiver oder realistischer geworden.

Wie sich diese Konzepte bilden, darüber gibt es zwei grundverschiedene Meinungen. Die eine Gruppe Wissenschaftler meint, daß diese Entwicklung altersabhängig ist und sich damit im entsprechenden Alter automatisch ergibt, und die andere Gruppe vertritt die Meinung, daß sich ein Konzept dann bildet, wenn das Kind mit dem entsprechenden Problem konfrontiert wird. Im ersteren Falle wäre diese Konzeptbildung mehr ein Vorgang, der durch Denken ausgelöst wird, der also nicht direkt mit Umwelteinflüssen zu tun hat, und im zweiten Falle käme der Denkanstoß direkt von außen.

Wie auch immer dieser Streit ausgehen mag, es gibt inzwischen eine Reihe von Untersuchungen, in welchem Alter die meisten Kinder ein bestimmtes Konzept gelernt haben und in welchem noch nicht. Dazu einige Beispiele: Sie legen einem Kind zehn Knöpfe in einer Reihe nebeneinander. Dann nehmen Sie dieselben Knöpfe und ziehen diese Reihe etwas auseinander, sie machen sie also deutlich länger (die Anzahl der Knöpfe muß dabei gleichbleiben). Fragen Sie nun das Kind, wann mehr Knöpfe vorhanden waren, vorher oder nachher? Ist ein Kind unter sechs Jahren, so wird es antworten: vorher war weniger. Ist es über sieben Jahre, so wird es antworten: beide Male gleich viel. In diesem Falle ist das Konzept der unverändert gebliebenen Anzahl einmal verstanden worden und einmal nicht.

Knöpfe vorher:

Knöpfe nachher:

Ein zweites Beispiel:

Sie legen wieder Ihre zehn Knöpfe in einer Reihe nebeneinander. Nun formen Sie anschließend daraus einen Kreis. Fragen Sie nun: Was ist länger? Ist das Kind unter sieben Jahren, so wird es antworten: vorher war es länger, ist es über acht Jahre, so wird es antworten: beide Male gleich lang.

Knöpfe vorher

Knöpfe nachher

Hier ist das Konzept von der unveränderlich gebliebenen Länge einmal verstanden worden und einmal nicht. Machen Sie die Probe aufs Exempel, wenn Sie Kinder haben. Sie werden sicher überrascht sein.

In dieser Art und Weise gibt es also eine ganze Reihe von Untersuchungen, in welchem Alter ein Kind Phänomene der Umwelt versteht und in welchem Alter nocht nicht. Leider hält sich aber der Schulunterricht nicht an diese Untersuchung, sondern es wird oft versucht, den Kindern etwas beizubringen, was sie einfach noch nicht verstehen können. Und wenn Kinder einen Lernstoff noch nicht verstehen, dann wird aus dem Lernen leider nur ein stures Pauken und Nachplappern ohne Verstand.

Frageseite

1. Wie merken Sie sich den Inhalt von Konferenzen und Gesprächen?
2. Wie speichern Sie Telefonate und Diskussionen?
3. Was sagt die Konzeptbildung eines Kindes aus?

Antwortseite

1. Stellen Sie sich die wichtigsten Punkte bildlich vor.
2. Telefonate merken Sie sich so wie Konferenzen und Gespräche; Diskussionen ebenso, wenn es Ihnen um den inhaltlichen Ablauf geht. Geht es Ihnen aber bei Diskussionen um die vorherige Sammlung von Argumenten, dann verknüpfen Sie diese hinter die Zahlensymbole von 1 bis 12.
3. Die Konzeptbildung sagt aus, ab welchem Alter ein Kind ein bestimmtes Funktionsprinzip z. B. in der Natur versteht.

Ideenliste

Übung 10
Sie sehen zwei verschieden hohe Stapel von Krankenscheinen; der höhere Stapel ist vom letzten Monat, der niedrige vom jetzigen Monat. Der Redner zeigt zum Fenster hinaus auf eine Filiale, die mit Girlanden behangen ist. Sie können dort einen Professor sehen, der bereits sein Referat übt. Der Vortragende hält in der Hand einen Scheck mit einem roten Kreuz darauf. Der Vorstand steht strahlend vor einem Modell mit zwei neuen Bandstraßen. Am Ende der Bandstraße türmen sich wesentlich mehr Produkte als früher. Sehen Sie, wie im Sommer ein Betriebsausflug startet, wie auch Auszubildende in den Bus einsteigen.

Übung 11
Sehen Sie einen Müller (Beruf) mit zwei Diktiergeräten vor sich und einem Taschenrechner. Auf den Diktiergeräten liegt die Zeitschrift »Brigitte«. Stellen Sie sich weiter vor, wie Post in Hamburg eintrifft und wie Sie bei Eintreffen der Geräte eine Werbemappe zusammenstellen und abschicken.

Übung 12
Sehen Sie einen Mann neben einem Baum stehen, vor ihm steht eine Waschmaschine. Sie wird gerade verpackt in braunem Verpackungsmaterial. Stellen Sie sich weiter doppelte Holzverstärkung im Dach und Boden dieser Verpackung vor. Sehen Sie zum Schluß, wie sie mit schwarzen Kunststoffbändern festgezogen wird und wie dann ein Lastkraftwagen kommt und das Ganze abholt. Anschließend trifft in einem Düsseldorfer Büro eine Rechnung ein.

6. Vorträge, Weiterbildungstexte, Nacherzählungen

A Witze und Vorträge

Ein Vortrag ist letzten Endes nichts anderes als ein längeres Telefonat, denn Ihnen werden sehr viele Informationen mitgeteilt, ohne daß Sie viele Zwischenfragen stellen können. Aber bevor wir uns mit solchen Vorträgen befassen, möchte ich eine Übung einschieben, die Sie gewissermaßen als Vorübung ansehen können. Es geht um die Speicherung von Witzen.

Wie oft hören Sie einen guten Witz, lachen herzlich darüber und haben Ihn anschließend schon wieder vergessen. Aber das muß nicht sein, wenn Sie hier ebenfalls unsere Assoziationstechnik anwenden. In der Übung 13 stehen zehn Witze und Stilblüten, und Sie sollen versuchen, sich diese Witze in der dortigen Reihenfolge zu merken.

Dabei gehen Sie folgendermaßen vor: Bauen Sie ein Bild auf, wie Napoleon den Buchhändler Palm erschießen läßt (Sie können auch einen anderen Namen für den Buchhändler nehmen). Nun stellen Sie sich vor, wie dieser Buchhändler zusammen mit der Mutter in den Wäschekorb gelegt wird und auf den Speicher getragen wird. Auf diese Art und Weise haben Sie bereits die ersten beiden Witze miteinander verknüpft. Als nächstes sehen Sie auf dem Speicher den Grafen Zeppelin mit seinem Luftschiff, wie er dort in alle Himmelsrichtungen »schifft«. Auf dem Luftschiff sitzt eine Schlange und wackelt heftig mit dem Schwanz usw. Wenn Sie so die Witze weiter verknüpfen, dann sind Sie in der Lage, alle zehn lückenlos mit der richtigen Pointe wiederzugeben. Den Rest des Witzes (also alles andere außer der Pointe) können Sie dann getrost verändern, wichtig ist allein nur die Pointe.

Bitte assoziieren Sie jetzt die Übung 13 in der richtigen Reihenfolge.

Übung 13
10 Witze (Stilblüten) verknüpfen.

- Napoleon ließ den Buchhändler Palm erschießen, um ihn einzuschüchtern.
- Wenn unsere Mutter große Wäsche hat, helfen wir ihr; wir legen sie in den Korb, tragen sie auf den Speicher und hängen sie auf.
- Graf Zeppelin war der erste, der in der Luft in verschiedenen Richtungen schiffen konnte.
- Bei einer Schlange ist das komisch, da weiß man nie genau, wo sie anfängt, mit dem Schwanz zu wackeln.
- Am Ziel der Wanderung angekommen, hatten wir alle großen Durst. Zum Glück überließ mir Karl einen Teil seines Wassers.
- Seltsam, daß das Porto der Post weiter steigt, wo die Welt doch angeblich immer kleiner wird.
- Die Rechtschreibung bereitet das ganze Leben Schwierigkeiten, es sei denn, man wäre Analphabet.
- Lehrer: Dann wird Ihnen eben später ein Loch in Ihrer Bildung fehlen.
- Paradox ist, wenn ein Angeklagter sitzen muß, weil er gestanden hat.
- Dabei fiel der Arbeiter vom Fahrrad und verbog sich ganz erheblich die Lenkstange.

Und nun zu unseren Vorträgen:

Dazu habe ich den Text von einer Tagesschau genommen. Ein solcher Text ist für Sie deshalb eine gute Übung, weil er erstens relativ schwierig ist, denn Tagesschautexte werden sehr schnell vorgelesen, und zweitens, weil Sie jeden Abend Gelegenheit haben, vor dem Bildschirm Ihre Assoziationstechnik noch weiter zu trainieren.

Auch bei solchen Texten stellen Sie sich die einzelnen Schwerpunkte wie in einem Film intensiv vor. Das fällt bei der Tagesschau nicht so schwer, da hier ja sowieso einige Schwerpunkte in Kurzfilmen noch einmal verdeutlicht werden.

Zuerst stellen Sie sich einmal die Themenankündigung vor: Sehen Sie, wie zwei internationale Terroristen in der Schweiz gefangen werden und wie ein Grenzübergang an der DDR erweitert wird. Während im folgenden Text dann diese beiden Themen noch genauer abgehandelt werden, feilen Sie einfach Ihr Bild an den Stellen aus, wo Sie es für wichtig halten. Z. B. sehen Sie, wie zwei Personen, aus Frankreich kommend, in die Schweiz wollen und an der Grenze aufgehalten werden und wie die Schweizer Kriminalpolizei die Namen dieser beiden Personen durch abwehrendes Händeschütteln unbestätigt läßt usw. In dieser Art fahren Sie bitte fort bis zum Ende dieses Textes. Bitte machen Sie jetzt die Übung 14.

Übung 14

Tagesschau an einem Dienstag (gekürzt).
Einmal langsam vorlesen lassen.

Hier ist das Deutsche Fernsehen mit der Tagesschau. Guten Abend, meine Damen und Herren; heute in der Spätausgabe: internationale Terroristen festgenommen; zwei Gesuchte gingen wahrscheinlich heute in der Schweiz ins Netz. Mehr Spuren zwischen Deutschland; ein Grenzübergang soll breiter werden.

Bei der Einreise von Frankreich in die Schweiz sind heute zwei mutmaßliche arabische Terroristen festgenommen worden. Noch steht nicht fest, ob es sich um die beiden auf unserem Foto dargestellten Personen X und Y handelt. Aus anderen Quellen geht hervor, daß die festgenommene Frau auch die gesuchte Terroristin Z sein könnte. Die Schweizer Kriminalpolizei hat bisher keinen der genannten Namen bestätigt. Die Festgenommenen verweigern bisher jede Aussage.

Das ist der Grenzübergang zwischen der Schweiz und Frankreich. Nach Darstellung der Schweizer Polizei sind hier am Nachmittag die beiden Festgenommenen von einem Zöllner auf einer Straße mit Fahrverbot angehalten worden. Als der Zöllner die beiden zur Dienststelle brachte, zog die Frau plötzlich eine Pistole und schoß auf zwei Zollbeamte. Während diese verletzt liegenblieben, ergriffen die Terroristen mit ihrem Wagen, einem gemieteten Renault, die Flucht. Vor dem Eingang des nächsten Ortes ließen sie den Wagen stehen, liefen zum Bahnhof, von wo aus sie mit einer Droschke in Richtung auf die Stadt Elsberg weiterflüchteten. Kurz vor dieser Stadt blieben sie jedoch an einer Sperre der Kantonspolizei stecken und konnten dort, ohne Widerstand zu leisten, festgenommen werden.

Bei den innerdeutschen Verkehrsverhandlungen ist heute die Entscheidung gefallen. Der etwa 10 km lange Autobahnabschnitt am Grenzübergang Helmstedt-Marienborn kann 6spurig ausgebaut werden. Der zwischen Bonn und Ost-Berlin erzielten Übereinkunft wird morgen das Bundeskabinett zustimmen. Die Delegationen unter den Verhandlungsführern, Staatssekretär A. B. und Hauptabteilungsleiter C. D. vom DDR-Verkehrsministerium, konnten sich auf ein abschlußreifes Teilergebnis einigen.

Es betrifft den 6spurigen Ausbau der Autobahn an den Grenzkontrollstellen Helmstedt und Marienborn. Nach der Sitzung erklärte uns Staatssekretär A. B.: Wir sind für die

Baumaßnahmen im Grenzübergang Marienborn-Helmstedt ad referendum fertig geworden. D. h., das heute relativ schnell erzielte Verhandlungsergebnis wird jetzt im Bundeskabinett vorgelegt zur Entscheidung. Wenn das Bundeskabinett mit dem Verhandlungsergebnis einverstanden ist, dann würden wir übermorgen wieder zusammenkommen.

Aus Frankfurt nun die Wettervorhersage für morgen, Mittwoch. Im Norden und Osten Deutschlands stark bewölkt, aber niederschlagsfrei, sonst verbreitet Nebel oder Hochnebel. Gebietsweise heiter, vor allem in Lagen oberhalb 1 000 Metern.

Das war die zweite Abendausgabe der Tagesschau. Wir melden uns wieder mit letzten Nachrichten gegen Mitternacht.

B Weiterbildungstexte und Nacherzählungen

Wenn Sie sich z. B. in Büchern weiterbilden, dann haben Sie für gewöhnlich mehr Zeit, sich mit Texten zu befassen. Wenn Sie in einem solchen Falle einen Text intensiver und genauer aufnehmen wollen, dann gehen Sie folgendermaßen vor: Sie lesen sich einen solchen Text einmal durch und stellen sich dabei bereits wichtige Punkte bildlich vor. Auf diese Art und Weise haben Sie sich bereits einmal über diesen Text orientiert. Nun lesen Sie ihn ein zweites Mal durch und schreiben dabei wichtige Stichwörter heraus. Anschließend verknüpfen Sie diese Stichwörter zu einer Kette. Natürlich machen Sie dann aus dieser Kette keine willkürliche Geschichte, sondern beim Verknüpfen orientieren Sie sich an dem Inhalt des Textes. Letzten Endes kommt dadurch wieder der Inhalt unseres Textes als Film heraus, nur haben Sie ihn jetzt wesentlich fester eingeprägt und vor allem nichts Wichtiges vergessen, weil das Wichtigste ja in den Stichwörtern enthalten ist.

Für unseren Text in der Übung 15 sieht das Verfahren ungefähr so aus:

Stichwörter: Früheste Uhren – Festung Dover – Gewichtsbalken – Hin- und Herschwingen – Zeiger bewegen – Trotz Verbesserung Uhren pro Tag einige Minuten falsch usw. Bei der Verknüpfung dieser Stichwörter stellen Sie sich vor: Eine ganz alte Uhr auf der Festung Dover mit einem riesigen Gewichtsbalken, der hin- und herschwingt und einen Zeiger bewegt. Ständig kommt ein Mechaniker und nimmt Verbesserungen vor. Trotz alledem geht die Uhr immer wieder Minuten falsch und so fort.

Bitte machen Sie jetzt in dieser Art die Übung 15.

Das mach' mal mit chem. Formeln!

Übung 15

Schreiben Sie aus dem folgenden Text Stichwörter heraus (nicht mehr als 25), und assoziieren Sie diese als Kette.

Die Entwicklung der Uhr

Die frühesten Uhren, z. B. auf der Festung Dover, hatten einen sog. Gewichtsbalken, der hin- und herschwingt und nur einen einzigen Zeiger bewegt. Obwohl dieser Gewichtsbalken nach und nach verbessert wurde, gingen solche Uhren doch täglich mehrere Minuten falsch. Im 16. Jahrhundert setzten sich die ersten Uhren mit einem Pendel durch. Dadurch gingen diese Uhren genau genug, um außer den Stunden auch die Minuten anzugeben. In den nächsten Jahrhunderten entwickelten die Uhrmacher sog. bessere Hemmungen und verbesserten auch das Pendel. Es wurde das Quecksilberpendel entwickelt, danach das Messing-Stahl-Pendel. Noch später bekamen die Uhren einen sog. atmosphärischen Druckausgleich, wieder etwas später wurde aus dem Messing-Stahl-Pendel ein fast freies Pendel und später ein freischwingendes Pendel. Heute benutzt man als Pendel vibrierende Quarzkristalle. Die genaueste Uhr der Welt benutzt vibrierende Cäsiumatome, weil diese Uhren nur alle 3 000 Jahre eine Sekunde falsch gehen (siehe auch Strukturexzerpt, Kap. 12, Abschnitt C).

Bei Nacherzählungen wenden Sie ein ähnliches Verfahren an, allerdings ohne Stichwörter aufzuschreiben. Üblicherweise werden Nacherzählungen in Schulen zweimal vorgelesen. Deshalb stellen Sie sich beim ersten Vorlesen schon einmal den Text bildlich vor, so wie Sie es bei Weiterbildungstexten tun. Beim zweiten Vorlesen konzentrieren Sie sich nur noch auf die wichtigsten Stellen, so als hätten Sie Stichwörter vor sich liegen. Wenn Sie diese wichtigsten Stellen noch einmal exakt bildlich darstellen, dann haben Sie mindestens 80 % der Nacherzählung für eine längere Zeit fest im Gedächtnis. Probieren Sie es einmal, Sie werden sehen, es funktioniert.

C Die Denkblockade durch Streß

Der Mensch ist nur deshalb in der Lage, zu denken, zu handeln und zu reagieren, weil seine ungeheuer hohe Anzahl von Nervenzellen (25 Milliarden) im Gehirn in einer komplizierten Vielfalt miteinander und untereinander verknüpft und vernetzt sind. Jede Nervenzelle hat eine Anzahl von Endungen, sog. Dendriten und einen Neurit. Nur die Neuriten (auch Axone genannt) haben die Aufgabe, Informationen der eigenen Nervenzelle an eine andere weiterzugeben. Dazu besitzt ein solcher Neurit an seinem Ende eine köpfchenartige Erweiterung, die Synapse genannt wird. Diese Synapse sitzt nun so dicht an einer anderen Nervenzelle an, daß sie sich fast zu berühren scheinen. Bei einer 250 000fachen Vergrößerung stellt man aber fest, daß zwischen der Synapse und der anderen Nervenzelle ein winziger Spalt ist, der sog. synaptische Spalt. Dieser Spalt ist normalerweise nicht leitend. Ein Impuls, der von einer Nervenzelle zur anderen geschickt werden soll, wandert nun vom Inneren der Zelle durch den Neurit in die Synapse. Dort kann er aber den nichtleitenden synaptischen Spalt nicht überwinden; der synaptische Spalt bildet sozusagen einen Schalter in der Stellung »Aus«. Erst wenn die Synapse eine chemische Substanz in diesen Spalt ausschüttet, dann gelangt der Impuls in die benachbarte Nervenzelle. Der Schalter steht jetzt in der Stellung »An«.

Eine dieser chemischen Substanzen heißt »Acetylcholin«,

und sie ist dafür verantwortlich, ob ein Impuls weitergegeben wird oder nicht. Und damit ist auch bestimmt, welche Nervenzellen an der Impulsweitergabe beteiligt werden und welche nicht.

Nun kennt jeder das Phänomen der Denkblockade. Eine aufregende Prüfungssituation, man hat alles gut gelernt, aber auf einmal, gerade bei der entscheidenden Frage, ist alles wie weggeblasen. Man hat das Gefühl, der Kopf sei leer und tot. Wie kommt so etwas, warum versagen Schüler und Erwachsene oft im entscheidenden Moment? Um ein solches Phänomen zu erklären, muß man in der Entwicklungsgeschichte des Menschen Tausende von Jahren zurückgehen.

In früheren Zeiten war das Leben des Menschen von einem ständigen Kampf ums Dasein gekennzeichnet. Um die Überlebenschancen des Menschen (und auch der Tiere) zu erhöhen, hatte die Natur folgendes, sehr sinnvolles System entwickelt: Versetzen wir uns einmal in die Situation eines Urzeitmenschen. Er ist gerade auf der Jagd nach Beute, als er plötzlich hinter sich in einem Busch ein seltsames Krachen und Knistern hört. Da ihm dieses Geräusch unbekannt ist, wird es automatisch in seinem Gehirn als feindlich interpretiert, und alles Feindliche bedeutet damit auch Gefahr. Deshalb programmiert sein Gehirn in dieser Situation sofort auf Flucht, denn das ist das Sicherste, um die eigene Haut zu retten. Für den Angriff oder eine eventuelle Unterwerfung entscheidet sich das Gehirn in solchen Fällen nur dann, wenn es entweder keine andere Möglichkeit gibt oder wenn sichergestellt ist, daß dadurch die Gefahr ohne Risiko beseitigt werden kann. Das Ergebnis ist, daß der Urzeitmensch so schnell wie irgendmöglich flüchtet, so lange, bis er aus dem Gefahrenbereich heraus ist.

Das grundsätzliche Prinzip eines solchen Fluchtverhaltens ist also folgendes: Tritt etwas Unbekanntes auf, so wird es zuerst einmal sicherheitshalber als feindlich interpretiert. Dieses Feindliche ist gleichbedeutend mit Gefahr, und Gefahr löst automatisch ein Fluchtverhalten aus. Damit dieses

»Fluchtprogramm« aber auch ungehindert ablaufen kann, muß in diesem Augenblick das Denken des Menschen blokkiert werden, um die spontane Entscheidung zur Flucht nicht durch langes Nachdenken und Abwägen zu verzögern. Dieses Blockieren der Denktätigkeit heißt Denkblockade durch Streß und wird folgendermaßen eingeleitet: Die Synapsen der zuständigen Neuriten erhalten auf irgendeinem Wege (z. Z. noch nicht vollständig geklärt) den Befehl, keinen Transmitterstoff mehr in den synaptischen Spalt auszuschütten, und zwar so lange, wie der Mensch auf Flucht programmiert ist. Durch diesen Vorgang steht der Schalter, der für den Durchlaß der Gedankenimpulse verantwortlich ist, auf Aus. Die Fähigkeit des Menschen, überlegt zu handeln und zu denken, ist vorübergehend lahmgelegt.

Aus dieser Sicht her betrachtet, ist die Denkblockade durch Streß eine sehr sinnvolle Einrichtung, die das Überleben des Menschen unterstützt und sichert. In einer Prüfungssituation jedoch tritt derselbe Mechanismus unerwünscht auf. Eine solche Situation ist nämlich auch unbekannt, damit feindlich und »gefährlich« im Sinne eines Überlebensprogramms. Natürlich kann der Mensch hier nicht fliehen, aber immerhin wird in den synaptischen Spalt keine leitende Flüssigkeit mehr ausgeschüttet, so daß auch hier die Denktätigkeit blockiert ist. Diese Blockade ist unabhängig davon, wie gut jemand sein Prüfungswissen im Kopf hat und wie intelligent er ist. Sie tritt einfach auf, weil die Prüfungssituation etwas Unbekanntes und damit Bedrohliches an sich hat. Zur Anmerkung sei noch gesagt, daß das gleiche Phänomen auch dann auftritt, wenn ein Lehrer einem Schüler etwas auf sehr komplizierte und fremde Art und Weise erklärt. Auch solche Erklärungen werden (und das nicht nur von jungen Schülern) als unbekannt und damit bedrohlich interpretiert, und es braucht sich niemand zu wundern, wenn der Schüler total abschaltet und zum Schutz seiner selbst auf Durchzug stellt.

Frageseite

1. Wie behalten Sie Witze und Vorträge?
2. Wie speichern Sie Weiterbildungstexte?
3. Was passiert bei einer wichtigen Prüfung oder bei einer zu abstrakten Vermittlung von Wissensstoff, wenn der Eindruck des Unbekannten und Gefahrvollen entsteht?

Antwortseite

1. Die Pointen der einzelnen Witze verknüpfen Sie als Kette hintereinander. Bei Vorträgen stellen Sie sich beim Zuhören die wichtigsten Punkte bildlich vor.
Wenn falsch: Abschnitt A.
2. Bei Weiterbildungstexten haben Sie etwas Zeit, und deshalb können Sie in Ruhe Stichwörter herausschreiben. Diese Stichwörter verknüpfen Sie dann als Kette. Die Geschichte, die dabei entsteht, entspricht wieder dem Inhalt des Textes.
Wenn falsch: Abschnitt B.
3. Das Gehirn schaltet auf ein Fluchtprogramm um, das Denken wird abgeschaltet, und der Mensch versagt. Im früheren Überlebenskampf war diese Einrichtung sinnvoll, heutzutage behindert sie den Menschen in seinen richtigen Reaktionen, da er die meisten Probleme besser kühl denkend und sachlich lösen könnte.
Wenn falsch: Abschnitt: C.

Ideenliste

Übung 13

Stellen Sie sich vor, wie ein Buchhändler erschossen wird, um ihn einzuschüchtern. Er wird dann zusammen mit der Mutter in den Wäschekorb gelegt, und beide werden auf dem Speicher aufgehangen. Auf dem Speicher besteigt gerade Graf Zeppelin sein Luftschiff und schifft in verschiedene Richtungen. Auf dem Luftschiff sitzt eine Schlange, die mit dem Schwanz wackelt. Sie kriecht dann fort zu einer Gruppe, die gerade am Ziel der Wanderung angekommen ist, wo einer dem anderen sein Wasser überläßt, um den Durst zu stillen. Dann schreibt einer eine Postkarte und muß eine viel zu hohe Gebühr auf die Postkarte kleben und schüttelt erstaunt den Kopf. Ein Analphabet hilft ihm, die Postkarte orthographisch richtig zu schreiben, da es ihm selber keine Schwierigkeiten bereitet. Ein Lehrer fährt diesen Analphabeten an mit den Worten »Ihnen wird später ein Loch in Ihrer Bildung fehlen«. Dieser Lehrer wird angeklagt, und er muß sitzen, obwohl er gestanden hat. Vor lauter Lachen über diesen Gag fällt ein Arbeiter vom Fahrrad und verbiegt sich erheblich die Lenkstange.

Übung 14

Tagesschau an einem Dienstag (gekürzt). Bitte stellen Sie sich folgendes vor:

Zwei internationale Terroristen, eine Frau und ein Mann, werden bei einer Reise von Frankreich nach der Schweiz von einem Zöllner angehalten. Die Frau schießt auf diesen und auf einen anderen Zöllner. Beide flüchten dann in einem Renault. Etwas später setzen sie die Flucht mit einer Droschke fort und werden an einer Sperre der Kantonspolizei ohne Widerstand endgültig festgenommen.

Weiter stellen Sie sich vor, wie ein 10 km langer Autobahnabschnitt am Grenzübergang Helmstedt-Marienborn zu einer

Baustelle wird. Ein Vertreter von Bonn und ein Vertreter von Ost-Berlin sind auf dieser Baustelle zu sehen. Beide stimmen dem Ausbau zu. Sehen Sie weiter, wie dem Bundeskabinett das Verhandlungsergebnis für diesen Ausbau vorgelegt wird.

Stellen Sie sich eine Landkarte vor, in der im Norden und Osten Deutschland stark bewölkt, aber niederschlagsfrei ist. Sehen Sie im restlichen Gebiet Nebel und Hochnebel.

Übung 15

Stellen Sie sich eine ganz alte Uhr auf der Festung Dover vor. Auf der Vorderseite bewegt sich ein riesiger Gewichtsbalken hin und her, der mit einem Zeiger verbunden ist. Ein Techniker verbessert diesen Gewichtsbalken nach und nach. Trotz allem geht die Uhr bei Tests täglich mehrere Minuten falsch. Stellen Sie sich rechts daneben ein etwas neueres Modell einer Uhr vor, das ein Pendel hat.

Auf dem Zifferblatt dieser Uhr lassen sich sowohl Stunden als auch Minuten feststellen. Stellen Sie sich weiter vor, wie das Pendel immer mehr verbessert wird, wie es dann eines Tages gegen ein Quecksilberpendel ausgetauscht wird und danach gegen ein Messing-Stahl-Pendel. Dann stellen Sie sich an der Uhr ein kleines Gerät vor, das den Atmosphärendruck regelt, und stellen Sie sich bitte weiter vor, wie später ein freischwingendes Pendel in die Uhr eingesetzt wird. Etwas weiter rechts stellen Sie sich nun eine moderne elektronische Uhr vor mit Quarzkristallen und daneben eine sog. Atom-Uhr, die perfekt genau geht. Den Schluß des Textes müssen Sie in folgender Art sich vorstellen: Sie nehmen eine Uhr auseinander und zerlegen sie in den Stundenzeiger, Minutenzeiger, Sekundenzeiger, das Haus, in der sich die Feder befindet, die Unruhfeder, dann die Unruhe, einen Anker, ein Gangrad und eine Handvoll von Zahnrädern. Stellen Sie sich vor, wie Sie das alles auf einen Tisch legen.

7. Personennamen, Namen aller Art

A Personennamen

Wenn Sie mit dem assoziativen Gedächtnis Personennamen behalten wollen, dann müssen Sie natürlich auch hier in der Lage sein, sich Bilder vorzustellen. Nun werden Sie sagen: »Was soll ich mir denn unter Namen vorstellen, die sind doch meistenteils abstrakt.« Das stimmt, aber wenn Sie nach einem bestimmten System vorgehen, dann lassen sich Namen dennoch assoziieren.

Alle Namen lassen sich grundsätzlich in vier Gruppen aufteilen.

1. Müller, Schuster, Nagel.
Diese Gruppe Namen ist konkret, denn unter den ersten beiden können Sie sich einen Beruf vorstellen, und Nagel ist ein einfaches Hauptwort wie Tisch und Stuhl.

2. Baumgarten, Waldmann, Vorfeld.
Auch diese Namen sind konkret, denn Baumgarten schlüsseln Sie auf in Baum und Garten, Waldmann in Wald und Mann und Vorfeld in vor und Feld.

Unter diese Gruppen 1 und 2 fallen etwa 40 % der deutschen Namen, und da sie sich gut vorstellen lassen, machen sie keine großen Schwierigkeiten. Etwas anders sieht die Sache bei den letzten beiden Gruppen aus.

3. Kanner, Kleier, Flamm.
Diese Namen lassen sich in ihrer ursprünglichen Form nicht assoziieren. Es geht erst dann, wenn Sie aus Kanner das Wort Kanne machen, aus Kleier den Begriff Kleie usw. Die 3. Gruppe besteht also aus Namen, die sich meist nur durch einen Buchstaben von konkreten assoziierbaren Begriffen unterscheiden. Deshalb wandeln Sie solche Namen einfach geringfügig um in gut vorstellbare Begriffe.

Schwieriger wird die Sache allerdings bei der 4. Gruppe von Namen. Das sind Namen wie

4. Behrendt, Juraszcec, Tuschec.
Bei diesen Namen müssen Sie Ihre Phantasie etwas spielen lassen und sich ähnlich klingende konkrete Begriffe dazu ausdenken.

Z. B. Behrendt = ein Bär rennt
oder Juraszcec = Jura-Studium und Scheck
oder Tuschec = der Tusch und die Ecke

Vielleicht finden Sie solche Umwandlungen schwierig, aber es geht nach etwas Übung relativ leicht.

An dieser Stelle möchte ich Ihnen einige Namen der 3. und 4. Gruppe zeigen, zu denen ich bereits ähnlich klingende assoziierbare Begriffe gefunden habe. Sie werden sehen, daß vorher schwierig zu behaltende Namen plötzlich leicht werden. Links steht immer der Name selbst, und rechts ist der assoziierbare Begriff.

Namen der 3. Gruppe:

Bardt	– Bart
Floss	– Flosse
Harth	– hart
Weppen	– Wappen

Seidel – Seide
Monheim – Mohn(blume) und Heim oder Mond und Heim
Lenk – Gelenk oder Lenker
Döbel – Dübel
Krupp – Stahlwerk Krupp
Leyer – Leier(kasten)
Köster – Küster ißt köstliche Speisen
Kahlen – kahl
Erser – Erster
Weiler – (Eile mit) Weile oder (Lange)weile
Giere – Gier
Simons – Fa. Siemens
Flesch – engl. flesh (Menschenfleisch) oder flash (Blitz)
Wiegel – Wiege oder Tiegel
Kerkmann – Kerker und Mann
Beck – Becks-Bier oder Becken
Füssel – Fussel
Rusche – Rutsche

Namen der 4. Gruppe:
Siedelhotten – Siedeln und Hotten(totten)
Grandi – Ghandi oder grantig
Mathai – Mathe(matik) und Hai
Angenent – angenehm
Janusch – Ja und nuscheln
Klakow – Klack! und Kopf oder Koffer
Niedzilla – niedlich und Villa
Kenden – Kendo (jap. Kampfart mit Schwertern)
Vondenhoff – Von dem Hof
Liliana – Liane (im Dschungel)

Kemp – engl. camp
Troche – Brosche oder Droschke
Vlatten – flattern oder Platten
Bukowitz – Buko (Käse) und Witz
Züllich – Zürich
Jokisch – Jockey und ich oder Kitsch
Dschugaschwili – Schuh und Asche u. Willi (Vorname)
Wisocki – wie und Socke
Tullius – engl. tool und us (lat. Endung)
Nicosia – nicken und kosen
Lortzinger – Lord und Singer (Nähmaschine)
Baronowsky – Baron und auf Ski(ern)

An dieser Stelle eine kurze Anmerkung. Villeicht haben Sie sich schon gefragt: Was nützt es mir, wenn ich mir einen Namen vorstelle, ich weiß damit immer noch nicht, welche Person diesen Namen hat. Das stimmt! Wenn Sie wissen wollen, wer diesen Namen hat, dann müssen Sie den Namen in Verbindung mit dem Gesicht des Betreffenden assoziieren. Diese Technik wird noch in Kapitel 8 besprochen werden. Zunächst geht es erst einmal darum, daß Sie üben, Namen assoziierbar zu machen.

In der Übung 16 finden Sie 20 Personen der 3. und 4. Gruppe, und ich möchte Sie bitten, zu diesen Namen ähnlich klingende Begriffe zu suchen. Sie werden sehen, es geht mit etwas Phantasie leicht.

4

Übung 16
Wandeln Sie die 20 Personennamen ab

Korke
Rabel
Stum

Bäuer
Erkes
Alfer

Quicker
Kleier
Reichelt
Frinks
Heyne
Sippold
Beles

Kripps
Geiser
Stimeran
Jelinek
Zeiselhoven
Klumm
Sistik

B Namen aller Art

Nicht nur Personennamen lassen sich in vorstellbare Begriffe umwandeln, sondern auch Straßennamen, Namen von Firmen, Produkten, Bergen, Flüssen usw. Natürlich brauchen Sie auch dazu etwas Übung und Fingerspitzengefühl. Aber auch das werden Sie in der folgenden Übung trainieren.

Übung 17
Namen aller Art. Suchen Sie ähnliche Begriffe

20 Straßennamen:
Am Wolfsgraben
An der Schlade
Auelgasse
Am Urbacher Wald
Tuckerweg
Im Jägergarten
Fauststraße
Reuterstraße
Zur alten Fähre
Panzerweg
Kitschburger Straße
Oscar-Jäger-Straße
Bahnhofsplatz
An der Schleuterbach
Charlottenstraße
Wahner Straße
Breslauer Straße
Am Stichel
Röntgenstraße
Im Falkenhorst

Beispiel für »Am Wolfsgraben«: Ein Graben mit einem Wolf.

10 Firmen:
Auto Niesegang
Detektive Kripps
Möbel Auer
Immobilien Sahner
Wäscherei Schwartmann
Baufirma Nengel

Töpferei Knorr
Stahlwerk Coiplot
Gerüstebau Pollerhof
Institut Badorf
Beispiel für Auto Niesegang: Niesen und Gang.

5 Produkte:
Lux Zahnpasta
Nille Eiskreme
Ökker Schokolade
Rieter Orangensaft
Seller Wein
Beispiel für Lux Zahnpasta: Der Luchs.

5 Berge:
Ellerspring
Echkopf
Moritzberg
Donnersberg
Erlenkopf
Beispiel für Ellerspring: Elle und springe.

5 Flüsse:
Glan
Zinsel
Kraichbach
Prims
Ruwer
Beispiel für den Fluß Glan: Klan (z. B. Ku-Klux-Klan).
↳ es ist halt alles erlaubt!

Damit Ihnen nun die assoziierbaren Begriffe beim Behalten helfen, müssen Sie folgendes tun: Nehmen wir an, Sie müssen zur »Firma Niesegang« mit der Adresse »Am Wolfsgraben«. Dann stellen Sie sich einfach vor, wie Sie niesend einen Gang entlanggehen und plötzlich einen Wolf in einem Graben sehen. Wenn Sie dieses Bild vor Ihrem geistigen Auge aufgebaut haben, dann werden Sie sich noch nach Tagen daran erinnern, wie der Name der Firma und die Adresse lautete. Das gleiche gilt für Produkte. Wenn Sie sich vorstellen, wie ein Luchs durch diese Zahnpasta strahlendweiße Zähne bekommen hat, dann machen Sie es Ihrem Gedächtnis leicht.

Noch ein letztes Beispiel für Namen von Bergen, denn das gleiche Prinzip gilt ja auch für alle weiteren Arten von Namen. Westlich von Mainz gibt es einen Berg mit dem Namen Ellerspring. Stellen Sie sich einfach vor, wie jeder, der diesen Berg besteigen will, vorher über eine Elle springen muß.

Wenn Sie diese Assoziationshilfen ab heute einsetzen, dann gibt es in Geographie, in Geschichte, auf Reisen und im Geschäftsleben keine großen Probleme mehr mit Namen.

Frageseite

1. Wie machen Sie Personennamen assoziierbar?
2. Wie behalten Sie Namen aller Art?

Antwortseite

1. Sie wandeln Personennamen in ähnlich klingende vorstellbare Begriffe ab.
Wenn falsch: Abschnitt A.
2. Auch diese Namen werden assoziierbar gemacht (ähnlich wie bei Personennamen) und dann in einem Bild in Verbindung mit der Adresse, mit dem Berg oder Fluß usw. gebracht.
Wenn falsch: Abschnitt B.

Ideenliste

Übung 16
20 Personennamen

Korke – Korken
Rabel – Rabe
Stum – Stumm
Bäuer – Bauer
Erkes – Erker
Alfer – Alpha (griech. Buchstabe)
Quicker – quick (engl. f. schnell)
Kleier – Kleie
Reichelt – Reich
Frinks – Kardinal Frings
Heyne – Heinrich Heine
Sippold – Sippe und old
Beles – Pele (Fußballspieler)
Kripps – Grips
Geiser – Geysir
Stimeran – Stimme und ran
Jelinek – yellow und neck (engl. gelb und Nacken)
Zeiselhoven – Zeisig und Hof
Klumm – Klumpen
Sistik – listig

Übung 17
20 Straßennamen

Am Wolfsgraben – Wolf und Graben
An der Schlade – Schlaglade
Auelgasse – Paul und Gasse
Am Urbacher Wald – Der Urbach und Wald
Tuckerweg – tuckern und Weg
Im Jägergarten – Jäger im Garten

Fauststraße	– die Faust
Reuterstraße	– Reiterstraße
Zur alten Fähre	– die alte Fähre
Panzerweg	– ein Weg mit Panzern
Kitschburger Straße	– ein Apfelkitsch vor einer Burg auf der Straße
Oskar-Jäger-Straße	– ein Jäger bekommt einen Oscar verliehen
Bahnhofsplatz	– Platz am Bahnhof
An der Schleuterbach	– schleudern und Bach
Charlottenstraße	– der Mädchenname Charlotte
Wahner Straße	– der Wahn
Breslauer Straße	– Breslau
Am Stichel	– Sichel
Röntgenstraße	– Röntgen
Im Falkenhorst	– der Horst eines Falken

10 Firmennamen

Auto Niesegang	niesen und Gang
Detektive Kripps	Grips
Möbel Auer	die Aue
Immobilien Sahner	die Sahne
Wäscherei Schwartmann	die Schwarte und der Mann
Baufirma Nengel	Mängel
Töpferei Knorr	knarren
Stahlwerk Coiplot	Copilot
Gerüstebau Pollerhof	Poltern auf dem Hof
Institut Badorf	im Dorf baden

5 Produkte

Lux Zahnpasta	der Luchs
Nille Eiskreme	Vanille
Ökker Schokolade	ockerfarben
Rieter Orangensaft	der Reiter trinkt Orangensaft

Seller Wein	to sell (verkaufen), Wein verkaufen

5 Berge

Ellerspring	– Elle und springen
Echkopf	– der Kopf und Esche
Moritzberg	– Moritz (von Max und Moritz) auf dem Berg
Donnersberg	– es donnert auf dem Berg
Erlenkopf	– Kopf und die Erle

5 Flüsse

Glan	– der Klan
Zinsel	– Zins
Kraichbach	– am Bach kreischen
Prims	– Bimstein oder Priem
Ruwer	– rufen oder der Rufer

8. Namen und Gesichter; Lernhemmungen und Informationseinheiten

A Das Gesicht

Wenn Sie wollen, daß Sie ein Gesicht mit dem dazugehörigen Namen besser und länger behalten, dann ist es auf jeden Fall unerläßlich, daß Sie einen Blick für Gesichter bekommen. Solange Sie Menschen sehen, aber deren Gesichter letztlich doch nicht gesehen haben, solange muß Ihr Gedächtnis einfach schlecht sein.

Damit Ihnen Gesichter ab heute mehr sagen als früher, werden Sie von jetzt an Gesichter nach einer Art Checkliste beobachten. Eine solche Checkliste analysiert ein Gesicht systematisch, angefangen bei den Kopfhaaren bis hinunter zum Kinn. Dazu müssen Sie sich einfach nur die folgenden Fragen stellen:

Wie sehen bzw. sieht aus:

die Kopfhaare
die Stirn
die Augen
die Nase
die Wangen
die Ohren
die Mundpartie
das Kinn

Dazu ein Beispiel an dem folgenden Foto. Dort finden Sie meine Beschreibung für das Gesicht dieser jungen Dame. Da Beschreibungen etwas den subjektiven Eindruck wiedergeben, kann es sein, daß Sie zum Teil etwas anderes aus dem Gesicht herauslesen als ich. Dennoch stimmen beide Beschreibungen, denn wichtig ist nur, daß Sie ein Gesicht aktiv gesehen haben.

Diese junge Dame hat mittelblonde volle Haare, in Locken gelegt. Die Stirn wird dadurch verdeckt, ebenso die Ohren. Die Augenbrauen sind etwas dunkler und schmal, die Augen selbst haben einen klaren Ausdruck und sind vielleicht eine Idee schlitzförmig. Die Nase ist gerade, der Mund hat volle Lippen, an der rechten Wange ist ein Grübchen zu sehen.

Diese junge Dame strahlt dabei einen bestimmten Typ aus. Für mich persönlich ist dieser Typ entweder eine Friseuse oder die Besitzerin einer Boutique. Sie könnte aber auch in einer Parfümerie arbeiten.

Vielleicht erstaunt es Sie an dieser Stelle, daß ich zusätzlich zu der Beschreibung des Gesichtes auch noch einen Typ festlege. Sicher werden Sie sagen, die Einteilung in solche Typen ist falsch und stellt nur ein Vorurteil dar. Das ist sicher richtig, aber Ihr Gedächtnis ist immer darauf angewiesen, etwas Greifbares aus einem Menschen zu machen. Und wenn dieses Greifbare ein Rückschluß auf den Typ ist, obwohl Sie bisher nur das Gesicht gesehen haben, dann ist Ihnen Ihr Gedächtnis dankbar, und außerdem: Vorurteile sind nur dann gefährlich, wenn sie sich unbewußt einschleichen. Bewußte und gezielt aufgebaute Vorurteile sind nicht gefährlich, denn sie sind sich ja dessen bewußt.

Bitte schauen Sie sich nun die Gesichter in Übung 18 an. Ich möchte Sie bitten, alle dortigen Gesichter nach unserer Checkliste zu beschreiben und immer abschließend so zu beurteilen, daß Sie sich für irgendeinen Typ entscheiden. Dabei muß dieser Typ nicht zwangsläufig ein Beruf sein, er kann auch allgemein eine Charaktereigenschaft wiedergeben, indem Sie z. B. sagen: das ist ein listiger Typ, das ist ein fröhlicher Typ, das ist ein miesepetriger Typ usw. Meine Typenvorschläge finden Sie wieder in der Ideenliste.

Übung 18
Namen und Gesichter (20 Beispiele).

Frl. Raphael

Herr Wieser

Fr. Wahlen

Fr. Grone

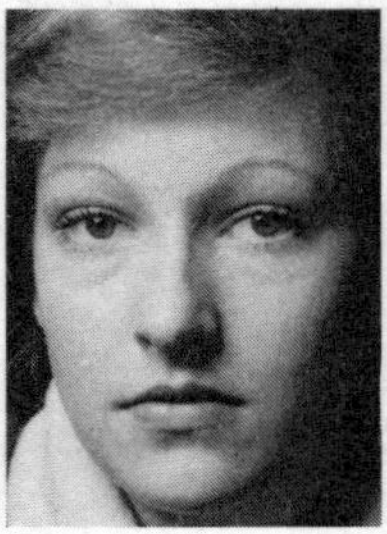

Herr Poler

Fr. Greindorf

Fr. Weilerwiz

Herr Graulich

Fr. Schuhaus

Frl. Baumgarte

Herr Steinhage

Fr. Walza

Frl. Lidzinger

Herr Sedelhalder

Frl. Langendiehl

Frl. Kleier

Fr. Alfer

Herr Kaminski

Frl. Weppen

Herr Hackländer

B Der Name und das Gesicht

Der nächste Schritt ist nun, daß Sie lernen, ein Gesicht mit dem dazugehörigen Namen zu verknüpfen. Das ist gar nicht so schwer, wie Sie vielleicht meinen, denn Sie brauchen nur ein Wortpaar zu einem Bild verknüpfen. Dazu ein Beispiel: Nehmen wir an, die oben beschriebene junge Dame hätte den Namen Müller. Müller ist, wie Sie aus Kapitel 7 wissen, ein vorstellbarer Name der ersten Gruppe, denn Sie kennen ihn bereits als Beruf. Der Typ auf unserem Foto wurde beschrieben als Friseuse. Also stellen Sie sich ein Bild vor, wie ein Müller sich von einer Friseuse den Mehlstaub aus dem Haar waschen läßt. Versuchen Sie einmal, dieses Bild präzise zu sehen.

Wenn Sie später den Namen wieder abrufen wollen, dann

denken Sie einfach an die Szene im Friseurladen, wo Sie den Müller sehen. Dadurch kommt Ihnen der Name wieder ins Gedächtnis.

In unserem Beispiel haben wir den Namen Müller mit dem Typ der Person (Friseuse) in Verbindung gebracht. Es gibt aber auch noch eine andere Möglichkeit. Dazu müssen Sie sich einen markanten Punkt aus dem Gesicht herausgreifen. In unserem Fall halte ich das Grübchen auf der rechten Wange für einen einprägsamen markanten Punkt. Stellen Sie sich einmal vor, wie ein Müller auf dieses Grübchen Mehl streut, weil es ihn stört, weil er es gerne verdecken möchte. Auch in diesem Falle wird es Ihnen leichtfallen, den Namen Müller wieder abzurufen, wenn Sie unsere junge Dame sehen, denn in der Praxis haben Sie sich ja nur deshalb für das Grübchen entschieden, weil es Ihnen als erstes sofort ins Auge fiel.

Damit Ihnen dieses Prinzip der Verknüpfung von Name und Gesicht noch etwas vertrauter wird, nehmen wir einfach einmal an, die junge Dame hieße nicht Müller, sondern Behrendt. Dieser Name ist laut Kapitel 7 nicht assoziierbar und gehört zur Gruppe 4. Ändern wir diesen Namen ab, dann ergibt sich daraus Bär und rennt. Verbinden Sie dieses Bild mit der Friseuse, dann müssen Sie sich vorstellen, wie ein Bär in den Friseurladen rennt, um sich dort frisieren zu lassen. Wenn Sie den Namen mit dem markanten Punkt verknüpfen, dann sähe dieses Bild so aus: Ein Bär rennt hinter dieser Dame her, und seine Tatze berührt ihre Wange. Dadurch entsteht eine Vertiefung, die so ähnlich aussieht wie ein Grübchen.

Sie sehen also, der Phantasie sind keine Grenzen gesetzt.

Bitte versuchen Sie nun, in dieser Art die Gesichter und Namen in der Übung 18 zu verbinden. Dabei suchen Sie sich entweder einen markanten Punkt aus dem jeweiligen Gesicht, oder sie charakterisieren einen Typ. Egal, wofür Sie sich entscheiden, Ihren Eindruck von dem Gesicht müssen Sie dann in irgendeiner Weise mit dem Namen verbinden.

Alle Namen lassen sich in ein brauchbares Bild bringen. Wenn Sie aber dennoch Schwierigkeiten haben sollten, dann schauen Sie wieder in unserer Ideenliste nach.

C Lernhemmung und Informationseinheiten

Nehmen wir an, Sie lernen 10 Vokabeln. Jede Vokabel verlangt von Ihrem Gehirn ein bestimmtes Minimum an geistiger Verarbeitung. Dieses Verarbeiten ist aber nicht eine Sache von nur einem Augenblick, sondern nimmt schon etwas Zeit in Anspruch. Aber inzwischen lernen Sie ja bereits die nächsten Vokabeln, so daß der Verarbeitungsmechanismus, der für die vorherige Vokabel noch wirkt, gestört wird. Der Lernvorgang jeder vorherigen Vokabel wird also durch den folgenden gehemmt; man spricht von einer retroaktiven (rückwirkenden) Lernhemmung. Umgekehrt stört aber auch die vorherige Vokabel das Verarbeiten der nächsten, da sich das Gehirn für die nächste zwangsläufig noch nicht voll einsetzen kann, denn es ist nicht in der Lage, die vorherige Vokabel einfach zu ignorieren. Diesen Vorgang nennt man eine proaktive (vorauswirkende) Lernhemmung.

Untersuchungen zu diesen Lernhemmungen haben folgendes gezeigt: Für das Lernen von 20 Vokabeln braucht man eine ganz bestimmte Zeit, nehmen wir einmal an, 10 Minuten. Nun sollte man meinen, daß man für das Lernen von 40 Vokabeln die doppelte Zeit braucht, also ungefähr 20 Minuten. Das stimmt aber nicht, denn in der Untersuchungsreihe haben Testpersonen 30 Minuten gebraucht, d. h. die dreifache Zeit. Der Grund ist nach den vorausgegangenen Erklärungen klar. Bei 40 Vokabeln wirken sich die retro- und proaktiven Hemmungen wesentlich stärker aus als bei nur 20 Vokabeln. Daran sollten Sie denken, wenn Sie sich ein bestimmtes Lernpensum (Vokabeln, Telefonnummern, Mediadaten, Terminabläufe usw.) vornehmen und einteilen. Für ein doppeltes Lernpensum einfach nur die doppelte Zeit einzusetzen ist mit Sicherheit falsch! Die Lernhemmung tritt übrigens dann besonders stark auf, wenn Sie ähnliche Fächer hintereinander lernen, z. B. englische und französische Vokabeln. Untersuchungen haben nämlich gezeigt, daß sich ähnliche Fächer leichter überlagern und auslöschen.

In der Lerntheorie gibt es auch den Begriff der Information, wobei man darunter die Abweichung von der Erwartung versteht.

Beispiel: Deutschland spielt Fußball gegen England. Aufgrund der Mannschaftsaufstellung und den Berichten aus den Trainingslagern sind beide Teams in Hochform und darum die Gewinnchancen gleich. Infolge eines Defektes in der Stromleitung kann Familie Müller das Spiel weder im Radio noch im Fernsehen verfolgen. Da eilt plötzlich der Sohn des Nachbarn herbei und schreit lauthals: »Deutschland hat 2 : 1 gewonnen.« Das ist für die Anwesenden eine wichtige Information. Eine Minute später kommt der Nachbar selbst und sagt dasselbe. Natürlich reagiert keiner mehr darauf, da ja alle das Ergebnis schon wissen. An diesem Beispiel ist zu ersehen, daß dieselbe Nachricht einen unterschiedlichen Informationswert haben kann, je nachdem, was man erwartet.

Bevor nämlich der Nachbarssohn eintraf, erwarteten alle mit gleicher Wahrscheinlichkeit einen Sieg der Deutschen oder der Engländer. Nach dessen Meldung war die Wahrscheinlichkeit der Erwartung für Deutschland 100 %, da die Anwesenden ja das Ergebnis sicher wußten. Somit brachte die Nachricht des Nachbarn für sie keinen Informationsgewinn mehr.

Daraus kann man folgern, daß Information etwas ist, was eine bestehende Unsicherheit abbaut, also etwas Neues. Das Maß der Information ist 1 bit. Der Nachbarssohn hat also eine Informationsmenge von 1 bit geliefert, während die des Vaters 0 bit betrug.

Auch dann liegt keine Information vor, wenn Ihnen z. B. in

der Schule nichts Neues, also nur Bekanntes gesagt wird, denn Bekanntes verhilft Ihnen nicht dazu, eine Entscheidung zwischen zwei gleich wahrscheinlichen Alternativen zu ermöglichen. In einem solchen Fall spricht man von der »Redundanz« einer Information, also der Vorhersagbarkeit.

Ein Mensch kann nur eine bestimmte Anzahl von Informationseinheiten pro Sekunde aufnehmen und verarbeiten. (Im Alter von etwa 15 bis 30 Jahren verkraften Sie ca. 10 bit/Sek., vorher und später weniger.) Wenn nun beispielsweise ein Lehrer seine Schüler überfüttert, wenn er also zu viele Informationseinheiten pro Sekunde vermittelt, dann sind die Schüler überfordert, und der Unterricht ist sehr unproduktiv, weil das Gehirn nur lückenhaft aufnimmt. Bringt er wesentlich weniger Informationseinheiten pro Sekunde, als es die Schüler verkraften können, dann nutzt er die Zeit nicht optimal; auch hier ist der Unterricht wieder unproduktiv und auch meistens langweilig. Gute Vermittler von Lernstoff gehen den goldenen Mittelweg, indem Sie den Unterricht zügig, interessant und verständlich darbieten.

Aber noch etwas sollten Sie wissen: Es gibt keinen Fall, wo der Lernstoff, der vermittelt werden soll, 100prozentig beim Schüler ankommt. Das kann daran liegen, daß sich der Vermittler nicht deutlich ausdrückt, daß zu schnell gesprochen wird oder daß der Schüler einfach nicht richtig hinhört. Diesen Fall nennt man »verlorengegangene Information«. Zum anderen kennen Sie aber auch das Phänomen, das der Zuhörende selber Dinge hinzufügt, die nie gesagt wurden, die er nur vermutet oder die er meint, gehört zu haben. Diesen Fall nennt man »Rauschen«. Rauschen ist also die Information, die der Zuhörende selber hinzufügt, von der er aber annimmt, sie sei ihm vermittelt worden. Auf diese Art und Weise entstehen die nur allzugut bekannten Gerüchte. Beim Lernen ist es deshalb wichtig, die »verlorengegangene Information« und das »Rauschen« so gering wie möglich zu halten; und das erreicht man z. B. durch eine Lernkartei (siehe II. Teil, Lerntechnik).

Frageseite

1. In welcher Art und Weise verarbeiten Sie ein Gesicht, das Sie sich merken wollen?
2. Wie verbinden Sie den Namen mit dem zugehörigen Gesicht?
3. Welche zwei Arten von Lernhemmungen gibt es, und was passiert, wenn ein Lehrer pro Sekunde zuviel oder zuwenig Informationseinheiten vermittelt?

Antwortseite

1. Sie beschreiben ein Gesicht in einer Checkliste vom Scheitel bis zum Kinn. Anschließend kristallisieren Sie aus der betreffenden Person einen Typ heraus. Wenn sie später etwas Übung haben, dann können Sie bereits einen Typ herauskristallisieren, ohne das Gesicht beschreiben zu müssen.
Wenn falsch: Abschnitt A.
2. Die Namen verknüpfen Sie entweder mit einem markanten Punkt des Gesichtes oder mit dem Typ, den Sie aus dem Gesicht herauslesen.
Wenn falsch: Abschnitt B.
3. Wenn Sie z. B. eine Reihe von Vokabeln lernen, dann stört jede vorangegangene das Aufnehmen der nächsten (proaktive Hemmung). Ebenso stört jede weitere Vokabel das intensive Verarbeiten der vorhergehenden (retroaktive Hemmung). Bei einer überhöhten Anzahl von Informationseinheiten (bit) pro Sekunde werden die Zuhörer überfordert und schalten ab. Bei zuwenig Einheiten ist der Unterricht langweilig und unproduktiv.
Wenn falsch: Abschnitt C.

Ideenliste

Übung 18

Frl. Raphael: Typ Verkäuferin in einer Parfümerie; stellen Sie sich vor, wie sie dem Maler Raphael Parfüm verkauft.

Herr Wieser: Lausbubentyp; stellen Sie sich vor, wie er auf der Wiese sehr viele Streiche ausheckt.

Frau Wahlen: lange markante Haare; stellen Sie sich vor, wie sie bei politischen Wahlen immer ihre langen Haare aus dem Gesicht streichen muß, wenn sie sich vor der Wahlurne bückt.

Frau Grone: Typ einer Vorstandssekretärin; stellen Sie sich vor, wie ihr Chef durch ihre angenehme Ausstrahlung gekrönt wird (Grone = Krone).

Herr Poler: seine Nase ist sehr markant; sie ist wie ein ruhender Pol in seinem Gesicht.

Frau Greindorf: sie könnte Verkaufsleiterin sein und verkauft in einem Dorf Mittel zum Reinemachen.

Frau Weilerwiz: sie könnte in einem abgelegenen Dorf leben (abgelegenes Dorf = Weiler) und dort sehr lustig sein, also zu Witzen aufgelegt.

Herr Graulich: markant sind seine Geheimratsecken, die sich wie ein grauer Schatten durchs Haar ziehen.

Frau Schuhaus: ein kameradschaftlicher, etwas burschikoser Typ; stellen Sie sich vor,

	wie sie in einem Schuhhaus Schuhe verkauft.
Frl. Baumgarten:	sie könnte der Typ einer Kindergärtnerin sein; im Garten spielt sie mit den Kindern unter dem Baum.
Herr Steinhage:	er könnte Staatsanwalt sein, der jemanden wegen zu hohem Alkoholgenuß (Steinhäger) anklagt.
Frau Walza:	sie erinnert an die 30er, 40er Jahre in Amerika; stellen Sie sich vor, wie sie dort in einem Film Walzer tanzt.
Frl. Lidzinger:	sie ist der Typ einer Bibliothekarin, die sehr auf Ruhe achtet. Sie schaut streng herüber, wenn jemand beginnt, ein Lied zu singen.
Herr Sedelhalder:	er sieht aus wie ein Tüftler und Bastler, und er hat eine Konstruktion entwickelt, mit der er den Rekord im Segeln halten kann.
Frl. Langendiehl:	sie ist ein sehr lustiges Mädchen mit langen Haaren, das in der Diele spielt.
Frl. Kleier:	sie könnte Arzthelferin sein, z. B. bei einem Tierarzt, und hat für diese Tiere immer die Taschen voller Kleie.
Frau Alfer:	hier sind die Backenknochen und die Nase sehr markant; stellen Sie sich vor, wie Sie diese Nase und die Backenknochen durch griechische Buchstaben numerieren; dabei beginnen Sie mit dem Buchstaben Alpha.
Herr Kaminski:	er sieht aus wie ein Pastoranwärter, dessen Hobby Skifahren ist, und er lehnt seine Skier abends immer gegen den Kamin.

Frl. Weppen: sie könnte ein Typ sein, der gerade in einer Schönheitskonkurrenz gewonnen hat, und als 1. Preis wird ihr Gesicht in ein Wappen hineingraviert.

Herr Hackländer: er hat kurze Haare, die quasi abgehackt sind; das hat man mit ihm gemacht, weil er immer das Geländer der Treppen herunterrutscht.

Göttin!

9. Fremdwörter und Fachbegriffe; Motivation und Erfolgserlebnisse

A Fremdwörter und Fachbegriffe

Für unsere Assoziationstechnik sind Fremdwörter und Fachbegriffe alle die Wörter, die Ihnen zwar z. Z. unbekannt sind, die aber in der deutschen Sprache mehr oder weniger häufig benutzt werden. Oft ist es dann sinnvoll, solche Wörter zu kennen. Wenn Sie zum Speichern solcher Begriffe wieder unsere Technik anwenden wollen, dann müssen Sie in der Lage sein, sich auch hier Bilder vorzustellen. Genauso wie bei Namen wandeln Sie die einzelnen Fremdwörter in ähnlich klingende, gut assoziierbare Begriffe um. Dazu ein Beispiel: Golilla ist ein solches Fremdwort und bedeutet in der Übersetzung »steifer Kragen«. Wandeln Sie Golilla in das Wort Gorilla um. Diesen Gorilla bringen Sie dann zusammen mit der Übersetzung »steifer Kragen« in ein Bild unter. Z. B. stellen Sie sich vor, wie ein Gorilla einen steifen Kragen um den Hals gebunden hat.

Wenn Sie dieses Bild noch nicht einprägsam genug finden, dann können Sie sich daran emotional binden, indem Sie sich vorstellen, wie der Gorilla sich deshalb den steifen Kragen umbindet, weil er sich im Zoo bewerben will. Dieses Bild ist lustig und reizt Sie vielleicht zum Lachen.

Wenn Sie das Fremdwort Golilla später wieder abrufen wollen, dann geschieht das folgendermaßen: Sie wollen wissen, wie das Fremdwort zu »steifer Kragen« heißt. Denken Sie einfach an das Bild mit dem »steifen Kragen«, und schon sehen Sie auch den Gorilla. Sie wissen nun, »steifer Kragen« muß so ähnlich lauten wie Gorilla, also fällt Ihnen Golilla ein. Umgekehrt funktioniert das Ganze genauso: Wenn ich das Wort Golilla sehe, muß ich sofort an den Gorilla denken, und dadurch fällt mir die Übersetzung »steifer Kragen« ein.

Bitte probieren Sie dieses Prinzip einmal in der Übung 19 aus. Bei der anschließenden Kontrolle decken Sie zuerst die deutsche Übersetzung zu und versuchen, sich an sie von dem Fremdwort her zu erinnern. Anschließend das Ganze umgekehrt. Eine Hilfestellung gibt Ihnen wieder die Ideenliste.

Übung 19
Fremdwörter (10 Stück)

Ketsch	– zweimastiges Segelboot
Abdomen	– Unterleib
Pallasch	– schwerer Säbel
Systole	– Zusammenziehung
Kolla	– Leim
Notalgie	– Rückenschmerzen
Protist	– Einzeller
Mob	– Pöbel
Buvette	– Trinkstübchen
Asthenie	– Kraftlosigkeit

Systole (Pistole)
– Zusammenziehung

Damit Sie in diesem Kapitel mit Fremdwörtern noch etwas Routine bekommen, möchte ich Sie bitten, in der gleichen Weise die Übung 20 zu assoziieren. Zur Hilfestellung gebe ich Ihnen zwei Beispiele:

Adria – Kammgarn: An der Adria kaufen Sie eine große Menge Kammgarn.
Stemma – Stammbaum: Ich stemme eine Papierrolle, auf der mein Stammbaum zu sehen ist.

Immer dann natürlich, wenn Sie ein Fremdwort auf seinen Ursprung zurückführen können oder auf ein verwandtes Wort innerhalb der eigenen Familie, bauen Sie sich eine solche Brücke. Dazu ein Beispiel: Phraseur – Schwätzer; hier würde ich ein Bild aufbauen, wo ein Schwätzer Phrasen drischt, denn die Wörter Phrase und Phraseur gehören in dieselbe Familie von Begriffen. Es wäre unsinnig, sich hier ein ähnlich klingendes Wort auszudenken, das mit dem Fremdwort selbst überhaupt nichts zu tun hat.

Übung 20
Fremdwörter (20 Stück)

Adria – Kammgarn
Basküle – Fenster- und Türverschluß
Epikrise – Beurteilung
Kabis – Kohl
Gustiös – appetitanregend
Idokras – Mineral
Infant – Knabe
Kerabau – Wasserbüffel
Madrepore – Löcherkoralle
Placitum – Gutachten
Okkupant – Besatzungsmacht
Rotüre – Nichtadeliger
Stemma – Stammbaum
Tendinitis – Sehnenentzündung
Uvula – Gaumenzäpfchen
Veloziped – Fahrrad
Zenit – Scheitelpunkt
Schimäre – Trugbild
Transept – Querschiff
Phraseur – Schwätzer

B Motivation und Erfolgserlebnisse

Wenn Lernen Spaß macht, dann geht alles wie von selbst. Man fühlt sich dabei wohl und hat nicht im geringsten das Gefühl, daß Lernen anstrengend ist. Wehe dem, der widerwillig lernt.

Damit Ihnen das Lernen etwas mehr Freude macht, ist es von Vorteil, daß Sie sich Ziele, Motive, Erwartungen und Interessen klarmachen. Dazu gebe ich Ihnen folgende Hilfen:

1. Überlegen Sie einmal, wer oder was Sie überhaupt veranlaßt, etwas Bestimmtes zu lernen.
   (Das können sein: Vorgesetzte, Ehepartner, Lehrer, Ehrgeiz, Wunsch nach Anerkennung, Neugierde usw.)
2. Machen Sie sich bewußt, welche Ziele Sie dadurch erreichen wollen, d. h., wie soll Ihr Endverhalten aussehen?
   (Z. B. Sprachen sprechen lernen, in politischen Diskussionen mitreden können usw.)
3. Machen Sie vorgenommene Ziele für sich selbst interessant, und beschreiben Sie, warum es sich für Sie lohnt, diese Ziele zu erreichen.
   (Z. B. mehr Geld verdienen, daß die Arbeit weniger anstrengend ist, andern zu helfen usw.)

Auf diese Art und Weise ändern Sie Ihre Anschauungsweise und sehen nicht mehr nur das Negative beim Lernen.

Für Schüler im Unterricht gibt es noch eine spezielle Motivationstechnik, die das Lernen beim Zuhören erleichtern soll. Diese Technik heißt TQ-3L-Methode. TQ-3L bedeutet folgendes:

T = tune in einstimmen	Der Schüler soll sich seelisch auf den Unterricht einstellen und vorbereiten.
Q = Question Fragen	Der Schüler soll sich im Unterricht mitteilen; er soll Fragen stellen, damit er aktiv in den Lernprozeß einbezogen ist.
3 × L L = look at the speaker = schau zu dem Sprecher	Den Vortragenden anschauen! Wenn der Schüler den Lehrer anschaut, dann erlebt er die Gesten und Mimik des betreffenden Lehrers mit, wodurch ihm das Verständnis des Lehrstoffes wesentlich erleichtert wird.

L = listen richtig hinhören	Der Schüler sollte sich auf das konzentrieren (und damit auch geistig verarbeiten), was der Lehrer erklärt.
L = look over umherschauen	Da auch die anderen Schüler mit am Unterricht beteiligt sind, hilft es beim Lernen sehr, auch auf die Schüler zu achten, die sich am Unterricht beteiligen.

Damit ist die Motivationstechnik also grundsätzlich eine Methode, die Ihnen hilft, emotionale Widerstände, die Sie einem Lernstoff gegenüber haben, abzubauen.

Dazu gehört auch noch das Phänomen »Erfolgserlebnisse«. Wenn Sie etwas lernen, dann nehmen Sie sich nur so viel vor, wie Sie auch tatsächlich schaffen. Sie teilen also Ihren Lernstoff in kleine Schritte auf. Immer, wenn Sie einen Schritt (z. B. immer nur 20 Vokabeln und nicht alle 100 auf einmal) gelernt haben, dann kontrollieren Sie ihn. Das Gefühl, diesen Schritt sicher erfaßt zu haben, vermittelt Ihnen ein sehr wichtiges Erfolgserlebnis. Dieses Erfolgserlebnis motiviert Sie für den nächsten Schritt, dort erfahren Sie erneut ein Erfolgserlebnis usw. Wenn Sie aber Ihre Lernschritte zu groß ansetzen, dann besteht die Gefahr der Mißerfolgserlebnisse, wodurch Ihre Motivation stark eingeschränkt wird, was sich in einer sinkenden Lernleistung äußert.

Frageseite

1. Wie speichern Sie Fremdwörter und Fachbegriffe?
2. Warum ist es besser, für einen bestimmten Lernstoff motiviert zu sein, und weshalb brauchen Sie beim Lernen Erfolgserlebnisse?

Antwortseite

1. Sie wandeln Fremdwörter und Fachbegriffe in ähnlich klingende Wörter ab und bringen diese zusammen mit der Übersetzung in ein Bild unter. Wenn Sie Fremdwörter auf Ihren Wortursprung oder auf ein Wort innerhalb der gleichen Familie zurückführen können, dann tun Sie es, denn eine solche Art von Assoziation ist besser, weil sie noch natürlicher ist.

Wenn falsch: Abschnitt A.

2. Wenn Lernen Spaß macht, dann ist Ihr Gedächtnis automatisch besser, und das Lernen fällt Ihnen leichter. Lernen macht u. a. dadurch Spaß, daß Sie in gezielten Abständen Erfolgserlebnisse haben, wodurch Ihre Lernleistung steigt.

Wenn falsch: Abschnitt B.

Ideenliste

Übung 19
Auf einem zweimastigen Segelboot wird ein Sketch aufgeführt.
Dem Abt im Dom schmerzt der Unterleib.
Vor einem Palast stehen Wachen mit schweren Säbeln.
Jemand schießt mit der Pistole, und ich zucke vor Schreck zusammen.
Coca-Cola ist so klebrig wie Leim.
Ich fröne der Nostalgie, ziehe ein altes Kostüm an und bekomme Rückenschmerzen.
Einzeller führen einen Protest durch.
Der Pöbel ist mit einem Mop bewaffnet.
In einem Trinkstübchen sehe ich ein schönes Büfett.
Haste nie, dann bekommst du auch keine Kraftlosigkeit.

Übung 20
An der Adria wird Kammgarn gesponnen.
Fenster und Türen werden verschlossen, weil ein Opernsänger seinen Baß übt, der im kühlen Wind sich nicht verstimmen darf.
Ein Epileptiker ist in einer Krise und wird von Ärzten beurteilt.
Bei Kabis denken Sie einfach an Kappes, das ist ein Dialekt für Kohl.
Bei Gustiös denken Sie einfach an Gusto.
Aus Idokras machen Sie ein krasses Idol und stellen sich vor, Sie haben ein bestimmtes Mineral ganz kraß zu Ihrem Idol gewählt.
Bei Infant denken Sie an infantil.
Wasserbüffel laufen durch einen Bau, hinterher muß ich alles sauber kehren.
Die Madre (Mutter) steht auf einer Empore und hat eine Löcherkoralle in der Hand.

Aus Placitum machen Sie Platz. Auf einem Platz wird ein Gutachten vorgelesen.
Okkupant führen Sie auf das lat. okkupare zurück.
Ein Nichtadeliger kommt so in den Streß, daß er im wahrsten Sinne des Wortes beginnt zu routieren.
Ich versuche, meinen Stammbaum hochzustemmen.
Ich sitze auf dem Tender einer Lok und bekomme eine Sehnenentzündung.
Denken Sie bei Uvula an den Obolus, den Sie in ein Gefäß stecken, das die Form eines Gaumenzäpfchens hat.
Bei Veloziped denken Sie einfach an Velo (franz. Fahrrad).
Bei Zenit denken Sie an die Zahl 10, die auf dem Scheitelpunkt geschrieben steht.
Ich sehe das Trugbild einer Schindermähre.
Bei Transept denken Sie an ein Konzept für irgendein Ereignis auf einem Querschiff.
Bei Phraseur denken Sie einfach an Phrase.

10. Daten und Fakten aller Art; Wahrnehmung und Kognition

A Das große Zahlensystem

Von unserem kleinen Zahlensystem (Kapitel 3) her wissen Sie, daß Zahlen in Symbole umgewandelt werden müssen, damit Sie assoziierbar sind. Wenn Sie aber den Zahlen direkt Symbole zuordnen, dann werden Sie sehr bald Schwierigkeiten haben, genügend Symbole zu finden. Deshalb gehen wir bei dem großen Zahlensystem in diesem Kapitel einen ganz anderen Weg.

Jede nur erdenkliche Zahl besteht aus den Ziffern von 0 bis 9, jedes Wort der deutschen Sprache aus den Buchstaben von A bis Z einschließlich dem ß. Würden wir nun den Ziffern von 0 bis 9 Buchstaben zuordnen, dann ließe sich jede Zahl in eine Buchstabenfolge übertragen. Allerdings bringt uns das noch nicht viel weiter, denn solche Buchstabenkombinationen würden in den seltensten Fällen ein vorstellbares deutsches Wort ergeben. Deshalb ordnen wir diesen Ziffern nur Konsonanten zu und erhalten damit für jede Zahl ein Konsonantengerüst. Wenn wir dann anschließend solche Gerüste an der richtigen Stelle geschickt mit Vokalen ausfüllen, dann wird jede Zahl zu einem plastischen vorstellbaren Begriff.

An dieser Stelle jetzt die Zuordnung von Ziffern und Konsonanten, der sog. Grundcode.

Grundcode:
0 – Z, S, C, ß
1 – T, D
2 – N
3 – M
4 – R
5 – L
6 – CH, SCH, X
7 – J, G, K, CK, Q
8 – V, F, PF, W
9 – P, B

Nicht zugeordneter Konsonant: H
Ebenfalls nicht zugeordnet werden alle Vokale: A, E, I, O, U und Y, ebenso Ä, Ö, Ü.
Besonderheit:
TT = 1
DD = 1
NN = 2 usw.

Für die Ziffer 0 nehmen wir den Buchstaben Z, denn das Wort Zero fängt mit Z an. Die Buchstaben S, C und ß sind ähnliche Zischlaute und gehören auch noch zur 0. Die 1 ist ein T, denn beide haben einen senkrechten Balken. Hinzu kommt das D, denn es ist ja das sog. weiche T. Für die 2 nehmen wir ein N, denn das N hat zwei senkrechte Balken. Wenn Sie den Buchstaben M auf die Seite drehen, dann erinnert er an die Digitaldrei. Die 4 ist ein R, weil in dem Wort vier der letzte Buchstabe ein R ist. Die römische 50 ist ein L, deshalb nehmen wir für die 5 das L. In dem Wort sechs steckt das CH, klangähnlich ist das SCH, hinzu kommt das X, das ebenfalls in der Zahl 6 zu hören ist.

Mit etwas Phantasie sieht das J aus wie eine 7, die auf dem Kopf steht. Hinzu kommen als Buchstabenfamilie das G (hartes J, Justav und Gustav), das K (hartes G), das CK und der Buchstabe Q. Bei 8 und V denken Sie einfach an einen

V-8-Motor. F und PF gehören klangmäßig zu dem V, ebenso mit etwas Phantasie das W. Wenn Sie das P nach links drehen, dann erinnert es an die 9, das B kommt noch hinzu, denn es ist das sog. weiche P.

Übrig bleibt als einziger Konsonant das H, das man meist sowieso nicht hört, da es oft nur zur Dehnung benutzt wird. Ebenso bedeuten alle Vokale (A, E, I, O, U und Y sowie Ä, Ö und Ü) keine Ziffern, sie sind dafür gedacht, die Konsonantengerüste so aufzufüllen, daß assoziierbare Begriffe entstehen.

Wenn Sie nun eine Zahl in Buchstaben übersetzen, dann bedeutet z. B. die Zahl

121	TNT
oder	TND
oder	DNT
oder	DND

In diesem Falle ergeben sich also vier Kombinationsmöglichkeiten.

Wenn Sie nun zu diesen Konsonanten noch Vokale hinzufügen, dann ergeben sich folgende Wörter:

121

TNT + A, E	– Tante
DND + A, Y	– Dandy
TND + A	– Tand
TNT + I, E	– Tinte

Nur einen dieser Begriffe brauchen Sie, um die Zahl 121 als Bild darzustellen. Dabei wählen Sie natürlich den Begriff aus, der am leichtesten vorstellbar ist, z. B. Tante oder Tinte.

So einfach ist dieses Zahlensystem also. Es kommt nur noch eine kleine Besonderheit hinzu. Das Wort Matte z. B. bedeutet 31 und nicht 311, denn die Verdoppelung von Konsonanten wie TT oder MM (z. B. Lamm) bedeutet nur einmal die entsprechende Ziffer. Wenn Sie die Zahl 311 ausdrücken wollen, dann müssen Sie zwischen die beiden Konsonanten TT einen Vokal setzen. Beispiel: Methode bedeutet 311, denn das T und das D sind durch den Vokal O getrennt.

Bitte üben Sie nun das Umsetzen von Zahlen in Wörter. Die Lösungen stehen in der Ideenliste. Was ist:

12
36
74
95
147
315
740
957

(In einigen Fällen ergeben sich wieder mehrere Lösungsmöglichkeiten. Versuchen Sie, so viele wie möglich zu finden.)

B Die Kennwörter unseres Zahlensystems

Oft ist es so, daß Sie nicht genügend Zeit haben, sich in Ruhe ein plastisches Wort für eine Zahl auszudenken und vorzustellen. Deshalb habe ich für Sie bereits gute Symbole (sog. Kennwörter) für die Zahlen von 0 bis 100 und für die Zahlen von 00 bis 09 zusammengestellt.

Die 112 Kennwörter unseres Zahlensystems:

0 – Hose
1 – Tee
2 – Noah
3 – Oma
4 – Reh
5 – Leo (Löwe)
6 – Schuh
7 – Kuh
8 – Pfau
9 – Bau

10 – Dose
11 – Tod
12 – Ton
13 – Dom
14 – Teer
15 – Diele
16 – Tisch
17 – Teig
18 – Topf
19 – Taube

20 – Nase
21 – Niete
22 – Nonne
23 – Name
24 – Nero
25 – Nil
26 – Nische
27 – Nicki
28 – Napf
29 – Nabe

30 – Maus
31 – Matte
32 – Mine
33 – Mumie
34 – Meer
35 – Maul
36 – Masche
37 – Mücke
38 – Mofa
39 – Mop
40 – Rose
41 – Rute
42 – Rinne
43 – Ramme
44 – Rohr
45 – Rolle
46 – Rache
47 – Rock
48 – Riff
49 – Rippe
50 – Lasso
51 – Latte
52 – Leine
53 – Lamm
54 – Lore
55 – Lilie
56 – Leiche
57 – Liege
58 – Lava
59 – Lippe
60 – Schuß
61 – Schutt
62 – Schiene
63 – Schaum
64 – Schere
65 – Schal
66 – Scheich
67 – Scheck
68 – Schiff
69 – Scheibe
70 – Käse
71 – Kette
72 – Kanne
73 – Kamm
74 – Karre
75 – Kohle
76 – Koch
77 – Geige
78 – Kaffee
79 – Kappe
80 – Faß
81 – Pfote
82 – Pfanne
83 – Vim
84 – Feier
85 – Feile
86 – Fisch
87 – Feige
88 – Pfeife
89 – Vopo
90 – Bus
91 – Boot
92 – Bahn
93 – Baum
94 – Bär
95 – Ball
96 – Busch
97 – Backe
98 – Puff
99 – Popo
100 – Dosis
00 – Soße
01 – Saite
02 – Sonne
03 – Same
04 – Säure
05 – Säule
06 – Seuche
07 – Sack
08 – Sofa
09 – Sieb

Aus diesen Kennwörtern läßt sich jede beliebige Zahl zusammenstellen. Nehmen wir einmal die beiden Telefonnummern 5 32 67 und 18 26 34. Beide Zahlen teilen Sie einfach in 3 Teile auf:

5 – 32 – 67 – 18 – 26 – 34

Daraus ergeben sich folgende Symbole:

5 – 32 – 67, Leo – Mine – Scheck
18 – 26 – 34, Topf – Nische – Meer

Wenn Sie diese Kennwörter als Kette hintereinander verknüpfen, dann ergibt sich folgendes Bild: Herr Müller – Telefon: 5 32 67. Herr Müller im staubigen Kittel hat beim Telefonieren auf seinem Schreibtisch einen holzgeschnitzten Leo (Löwen) stehen. Er macht sich beim Telefonieren mit einer Mine (Kugelschreiber) Notizen und schreibt anschließend einen Scheck aus.

Herr Tanner – Telefon 18 26 34. Herr Tanner (denken Sie an eine Tanne) stellt nach seinem Telefonat einen Topf in eine Nische und geht anschließend im Meer schwimmen.

Soweit zwei Beispiele, um Ihnen zu zeigen, wie mehrstellige Zahlen durch eine Verkettung von Kennworten bildlich dargestellt werden können.

C Daten und Fakten einer Firma

Nehmen wir an, Sie treten in einer Firma eine Stellung neu an. Dann wissen Sie ja aus Erfahrung, daß Sie mit einer großen Zahl neuer Fakten konfrontiert werden, die Sie sich möglichst schnell einprägen sollten. Diese Daten und Fakten können z. B. so aussehen: Unsere Firma hat 16 Kantinen, um 10 Uhr ist Frühstück, wir stellen 13 verschiedene Fahrzeugtypen her usw. Je schneller Sie sich diese Daten einprägen, um so leichter werden Sie es in Ihrer neuen Stellung haben.

Mit unseren Kennworten ist das Einprägen dieser Fakten kein Problem. Stellen Sie sich einfach folgendes vor:

Unsere Firma hat 16 Kantinen: Sie sehen eine Reihe von Kantinen nebeneinander, in denen viele Tische stehen.

Um 10 Uhr ist Frühstück: Die Angestellten holen ihr Frühstück aus einer Dose, im Hintergrund ist eine Uhr zu sehen (damit sie wissen, daß es um die Uhrzeit geht und nicht um die Anzahl der Angestellten, die frühstücken).

Wir stellen 13 verschiedene Fahrzeugtypen her: Die fertig produzierten Fahrzeuge werden in einem Dom abgestellt.

Bitte machen Sie jetzt auf diese Art und Weise die Übung 21. Weitere Vorschläge für die Bilder stehen wieder in der Ideenliste. Die Kennwörter dürfen Sie dabei nachschlagen.

Übung 21
11 Daten der Firma Umsatz & Co.

Unsere Firma hat 16 Kantinen.
Um 10 Uhr ist Frühstück.
Das höchste Gebäude hat 14 Treppen.
Am 20. d. M. ist eine Besprechung beim Chef.
Wir stellen 13 verschiedene Fahrzeugtypen her.
Wir haben 11 Tochterfirmen.
Der jüngste Angestellte ist 18 Jahre.
Wir haben 15 Lastwagen in Betrieb.
Wir haben 19 Sicherheitsbeamte im Werk.
Nach 17 Dienstjahren ist man pensionsberechtigt.
Der Chef hat 12 Pferde.

Dose

Hier noch einige Tips, damit Sie die Daten einer Firma präziser speichern können. Immer, wenn es um ein Datum geht, z. B. das Gründungsjahr der Firma oder den Tag, an dem immer die Konferenz einberufen wird usw., dann sehen Sie in Ihrem Bild einen Jahreskalender. Geht es um Uhrzeiten, dann stellen Sie sich zusätzlich noch eine Uhr vor (wie in dem Bild »10 Uhr Frühstück«). Geht es um Entfernungen, also um Kilometerangaben, dann müssen Sie einen Kilometerstein mit in Ihr Bild einbauen. Bei Prozentangaben genügt es schon, wenn Sie das Zeichen für Prozent vor Ihren

Topf

zent vor Ihren Augen sehen. In allen Fällen benutzen Sie aber immer unsere Kennworte, auch wenn Sie sich z. B. die Zahl 3,5 % merken müssen. Ihr Bild ist das Symbol Maul für die Zahl 35, denn ob es sich um 35 Prozent, um 3,5 % oder um 0,35 % handelt, das können Sie ohne Methode in den meisten Fällen unterscheiden. Bitte machen Sie jetzt die Übung 22. Auch hier gehen wir nicht davon aus, daß die Kennwörter bereits in Ihrem Gedächtnis sind.

Übung 22
20 Daten der Firma Umsatz & Co.

Am 30. bekommen wir einen neuen Mitarbeiter.
21 % der Angestellten sind krank.
40 DM kostet eine innerbetriebliche Monteurstunde.
Der älteste Lehrling ist 24 Jahre alt.
Am 23. haben wir eine Konferenz.
Wir brauchen am Tag 29 cbm Sauerstoff.
3,4 % des Umsatzes gehen in die Werbung.
25 Sekretärinnen arbeiten in den oberen Etagen.
Wir haben 22 Ingenieure.
38 Techniker arbeiten bei uns.
Am 27. wird der Vorstand eine Rede halten.
Z. Z. sind 33 Firmenwagen in Reparatur.
Die Firma existiert seit 26 Jahren.
28 km ist die nächste Niederlassung entfernt.
31 Personen arbeiten in der Forschung.
Mein Büro hat 36 qm.
39 % der Gebäude der Firma sind gemietet.
35 Mio. DM hat das neue Gebäude gekostet.
In meiner Abteilung arbeiten 32 Personen.
Zu meinem 37. Geburtstag habe ich alle Kollegen eingeladen.

D Wahrnehmung und Kognition

In der Psychologie gibt es die beiden Begriffe Wahrnehmung und Kognition. Unter Wahrnehmung versteht man den Fall, wenn die Sinnesorgane gereizt werden (z. B. das Auge) und dadurch im Gehirn ein Abbild der Umwelt geschaffen wird. Weitere innere Vorgänge werden dabei nicht mehr beachtet. Die Kognition dagegen ist noch einiges mehr. Bei ihr erkennt der Mensch als denkendes Wesen das, was über seine Sinne an Information in sein Gehirn dringt; er kann darüber urteilen, er kann diese Information mit Erfahrungen, die in seinem Gedächtnis gespeichert sind, vergleichen. Weiter kann er dadurch sein Verhalten ändern, er kann also lernen. Damit ist die Wahrnehmung der Anfang einer Kette, die mit Kognition bezeichnet wird. Wenn nun ein Mensch lernt, dann bedingt das, daß er zuerst einmal Fakten aus der Umwelt wahrnimmt. Das es ohne dem nicht gehen kann, zeigt die folgende Anekdote.

In einer Fabrik in Bukarest war am Schwarzen Brett folgendes zu lesen: »Arbeiter, besucht unsere Abendkurse, damit ihr schreiben und lesen lernt!«

Hat ein Mensch über seine Sinnesorgane Informationen aus der Umwelt aufgenommen, dann beginnt ein komplizierter Verarbeitungsprozeß, bevor entschieden wird, in welcher Ecke des Gehirns diese Informationen abgelegt werden sollen und welche Konsequenzen daraus gezogen werden sollen.

Frageseite

1. Was ordnet man im großen Zahlensystem einander zu und warum?
2. Warum werden Kennwörter aufgestellt?
3. Was tun Sie mit den Kennwörtern?
4. Wie heißt die Bezeichnung für die Verarbeitung von Informationen?

Antwortseite

1. Buchstaben werden Ziffern zugeordnet.
Dadurch lassen sich relativ schnell und einfach Zahlensymbole finden.
Wenn falsch: Abschnitt A.
2. Damit Sie nicht mehr die einzelnen Zahlensymbole über den Grundcode zusammensetzen müssen, was in manchen Situationen zuviel Zeit kostet.
Wenn falsch: Abschnitt B.
3. Ich setze sie anstelle der Zahl in mein Bild hinein.
Wenn falsch: Abschnitt C.
4. Der Fachausdruck ist Kognition.
Wenn falsch: Abschnitt D.

Ideenliste

12 – Ton
36 – Masche
74 – Karre
95 – Ball
147 – Trog
315 – Modell
740 – Kreis
957 – Block

Übung 21

Ich sehe Kantinen mit vielen Tischen.
Ich hole das Frühstück aus der Dose, im Hintergrund ist eine Uhr.
Die Treppen des höchsten Gebäudes sind mit Teer beschmiert.
Der Chef in der Besprechung hat eine markante Nase.
Die hergestellten Fahrzeuge werden im Dom abgestellt.
Über einigen Tochterfirmen steht der Tod.
Der jüngste Angestellte sitzt auf einem Topf.
15 Lastwagen parken in der Diele.
Die Sicherheitsbeamten haben als Erkennungsmerkmal eine Taube.
Nach 17 Dienstjahren fühle ich mich wie durchgekneteter Teig und pensionsreif.
Der Chef hat 12 Pferde aus Ton.

Übung 22

Der neue Mitarbeiter bekommt eine Maus geschenkt.
Die kranken Angestellten sind »Nieten«.
In der Lohntüte des Monteurs ist eine Rose.
Der älteste Lehrling sieht aus wie Nero.

Bei der Konferenz trage ich meinen Namen in eine Liste ein.
Der Sauerstoff wird an einer Nabe entlang geblasen.
Das Geld für die Werbung wird über das Meer verschifft.
Die Sekretärinnen können den Nil sehen.
Die Ingenieure sind mit Nonnen verheiratet.
Die Techniker fahren auf Mofas umher.
Der Vorstand hält einen Nicki in der Hand.
In jedem Firmenwagen liegt eine Mumie.
Ein Modell der Firma steht in einer Nische.
Auf dem Weg zur nächsten Niederlassung sehe ich an einem Kilometerstein einen Napf.
Die Personen in der Forschung arbeiten auf einer Matte.
Auf dem Boden meines Büros liegt ein Maschendraht.
Die gemieteten Gebäude werden mit einem Mop gesäubert.
Das neue Gebäude hat wie ein gefräßiges Maul Geld geschluckt.
Die arbeitenden Personen in meiner Abteilung schreiben mit Minen.
Bei meinem 37. Geburtstag bekomme ich von allen Kollegen eine Mückensammlung geschenkt.

11. Lateinische, englische, französische und spanische Vokabeln

Das Assoziationsprinzip für Vokabeln ist das gleiche wie für Fremdwörter und Fachbegriffe. Sie wandeln die Vokabel in ein ähnlich klingendes Wort um und verknüpfen es in einem Bild mit der Übersetzung. Dazu zwei Beispiele einer lateinischen Vokabel:

pendere – hängen, ein Pendel hängt an der Wand; oder
cubare – liegen, eine Kuh liegt auf der Bahre.

Bitte assoziieren Sie auf diese Art die Übung 23. Ideen für diese und die folgenden Übungen stehen wieder in der Ideenliste. Mehr über das Vokabellernen in Teil III. Superlearning.

Übung 23
10 lateinische Vokabeln

pendere	–	hängen
parum	–	zu wenig
putare	–	glauben
cubare	–	liegen
opera	–	Tätigkeit
iratus	–	erzürnt
potestas	–	Macht
alter	–	der andere
cupere	–	wünschen
vinculum	–	Fessel

Bei englischen, französischen und spanischen Vokabeln haben Sie immer zwei Möglichkeiten, die ähnlichen Begriffe zu finden. Entweder leiten Sie vom Schriftbild ab (z. B. wall – Wand, daraus machen Sie den Wall), oder aber Sie leiten vom Klangbild her ab (z. B. roof – Dach, daraus machen Sie den Ruf).

Machen Sie jetzt bitte die Übung 24. Vorher aber noch ein Beispiel: to ret – rösten, jemand röstet in der Sonne und wird ganz rot (red).

Übung 24

10 englische Vokabeln

dial	– Sonnenuhr
dick	– Schutzmann
flank	– Weiche
to jabber	– plappern
elector	– Wähler
nick	– Kerbe
to resume	– wiederaufnehmen
to ret	– rösten
leash	– Leine
to collate	– vergleichen

Als nächste Übung versuchen Sie bitte, französische Vokabeln zu assoziieren.

Auch dazu ein Beispiel: le gâteau – Kuchen, ich esse in einem Getto Kuchen.

Übung 25

10 französische Vokabeln

décréter	– beschließen
la flèche	– Pfeil
le cristal	– Kristall
la paume	– innere Handfläche
jongler	– gaukeln
le gâteau	– Kuchen

le delai – Aufschub
la partie – Teil
reprendre – zurücknehmen
le vase – Vase

Zum Schluß noch die Übung mit spanischen Vokabeln. Hier möchte ich Ihnen für das Wort copa – Gläschen eine Hilfe geben. Stellen Sie sich vor, wie Sie ein Original-Gläschen kaufen wollen, aber statt dessen eine Kopie angedreht bekommen.

Übung 26

10 spanische Vokabeln

e libro – Buch
la mesa – Tisch
el nombre – Name
la carta – Brief
el sillon – Sessel
la copa – Gläschen
la botella – Flasche
la puerta – Tür
el cenicero – Aschenbecher
el alumno – Schüler

Frageseite

1. Welche zwei Möglichkeiten haben Sie, von Vokabeln ähnliche Begriffe abzuleiten?

Antwortseite

1. Sie können vom Klangbild oder vom Schriftbild her ableiten.
Wenn falsch: Abschnitt A.

Ideenliste

Übung 23

10 lateinische Vokabeln

pendere:	ein Pendel hängt an der Wand
parum:	ein paar Flaschen Rum sind zuwenig
putare:	der Puter glaubt immer noch, daß er Weihnachten am Leben bleibt
cubare:	eine Kuh liegt auf der Bahre
opera:	ich habe eine Tätigkeit bei der Oper; oder: die Operation
iratus:	ein »Piratus« ist erzürnt
potestas:	ich übe vom Podest herunter Macht aus
alter:	die Alternative
cupere:	ich wünsche mir einen Minicooper
vinculum:	ein Winkel z. B. aus Stahl ist irgendwo festgebunden

Übung 24

10 englische Vokabeln

dial:	eine Digitalsonnenuhr
dick:	ein dicker Schutzmann
flank:	die Flanke
to jabber:	klingt schon so ähnlich wie plappern
elector:	ein Elektrogerät, das Wählerstimmen zählt
nick:	ich mache eine Kerbe in ein Stück Holz und nicke dabei befriedigt
to resume:	von Resümee
to ret:	jemand röstet in der Sonne und wird red (rot)
leash:	ich halte die Leine sehr lasch
to collate:	ich vergleiche meine Uhr und merke,

es ist schon spät (late), und ich muß den Kohl vom Feuer nehmen

Übung 25

10 französische Vokabeln

décréter:	ein Dekret (Beschluß)
la flèche:	ein Pfeil verfängt sich in Flechten
le cristal:	wie Kristall
la paume:	auf meiner inneren Handfläche liegt eine Pflaume
jongler:	ein Jongleur gaukelt uns etwas vor
le gâteau:	ich esse im Getto Kuchen
le delai:	vom englischen delay her ableiten
la partie:	der Part (Teil)
reprendre:	von prendre (nehmen) und re (zurück)
le vase:	wie Vase

Übung 26

10 spanische Vokabeln

el libro	vom französischen livre
la mesa:	in der Mensa steht ein Tisch
el nombre:	anstatt eines Namens habe ich eine Nummer
la carta:	in einem Brief verschicke ich eine Karte
el sillon:	im Sessel halte ich ein Silentium ab
la copa:	ich kaufe Gläschen, die von einem Original kopiert sind
la botella:	vom englischen bottle
la puerta:	von Porta (Westfalica)
el cenicero:	ein Hund zerrt mit den Zähnen an einem Aschenbecher
el alumno:	von alumnus (der Schüler)

Vergleiche hierzu auch die Vokabel-Assoziationslisten in Teil III. Superlearning, Kapitel 24.

12. Adressen, Daten, Strukturexzerpte, schwierige Texte; Lerntheorien

A Adressen

Nachdem Sie bereits Namen aller Art und Zahlen assoziiert haben, werden Ihnen die folgenden zwei Übungen mit Adressen keine großen Schwierigkeiten bereiten.

Dazu ein Beispiel (siehe unten): Bei dem Namen Peters denken Sie einfach an einen Beter, der in einem Garten neben einem Jäger sitzt. Durch diesen Garten führen Schienen (62).

Bitte assoziieren Sie jetzt in dieser Art und Weise die Übung 27. Weitere Ideen stehen wieder in der Ideenliste.

Übung 27
5 Adressen

Peters, Am Jägergarten 62
Gossen, Auf der Fuchskaul 70
Balcke, Kitschburger Straße 52
Weber, Berliner Straße 56
Zierer, Im Falkenhorst 79

Bitte assoziieren Sie in der gleichen Weise die Übung 28.

Übung 28
10 Adressen

Michel, Holzweg 51
Baumann, Am Stichel 77
Grohs, Wahner Str. 75
Vierkotten, Zur alten Fähre 65
Jockel, An der Schleuterbach 55
Kammerer, Röntgenstraße 78
Diehl, Barbarossastraße 57
Dreesen, Auf dem Steinacker 72
Ameln, Fauststraße 63
Clever, Auelgasse 71

B Daten einer Firma

In der Übung 29 stehen noch einmal Daten einer Firma, die Sie sich mit Hilfe unseres Zahlensystems merken sollen. Sie können diese Übung als eine Generalprobe ansehen, um festzustellen, wie sattelfest Sie bereits in der Assoziationstechnik sind. Auch hierzu stehen wieder Bildbeispiele in unserer Ideenliste.

Übung 29
30 Daten einer Firma

Wir beschäftigen 51 Vertreter.
Wir unterhalten 45 Büros.
61 % der Arbeiter haben Kinder.
Unser Katalog hat 50 Seiten.
Wir beschäftigen 44 sonstige Gastarbeiter.
42 Werkstraßen hat unser Gelände.
66 % der Arbeiter sind verheiratet.
Wir haben insgesamt 60 Gebäude.
Z. Z. sind 54 Leute krank.
Wir haben 70 freie Mitarbeiter.

Leistungen aus dem dritten Vermögensbildungsgesetz zahlen wir bis zum 46. Lebensjahr.
Als Krankenpflegepersonal beschäftigen wir 67 Personen.
Letztes Jahr hatten wir 48 Unfälle.
Wir beschäftigen 52 Griechen.
Die Hausnummer der Firma ist 57.
63 Personen steht ein Dienstwagen zu.
In 49 verschiedenen Zeitungen und Zeitschriften werben wir.
Letztes Jahr haben wir 41 Seminare abgehalten.
Wir produzieren 68 Wagen pro Stunde.
65 Köche arbeiten in den Kantinen.
Wir liefern in 53 Länder.
Wir beschäftigen 43 Italiener.
6,9 % vom Umsatz geht in die Werbung.
59 Personen sind in der Forschung tätig.
Unser Umsatz beträgt 47 Millionen DM im Monat.
55 Personen arbeiten im Vorstandsstab.
Wir haben 58 Zulieferanten für Einzelteile.
62 sanitäre Anlagen befinden sich auf dem Gelände.
Wir haben 64 leitende Angestellte.
Bei uns arbeiten 56 Asiaten.

C Texte und Strukturexzerpte

Es gibt Fälle, wo Texte relativ schwierig zu überschauen sind. In solchen Fällen müssen Sie mehr für Ihr Gedächtnis tun, als sich nur den Inhalt des Textes bildlich vorzustellen.

Sie gehen so vor, daß Sie die wichtigsten Punkte eines solchen Textes herausschreiben. Diese Punkte ordnen Sie dann in eine Art Raster, um die einzelnen Abläufe oder Beziehungen in einem Text klar und deutlich aufgliedern zu können. Bitte schauen Sie sich einmal das folgende Beispiel an. Hier ist ein Teil des Textes aus Übung 15 (die Entwicklung der Uhr) einem Raster ähnlich aufgegliedert. Ich empfehle Ihnen ein solches Raster immer dann, wenn in einem Text Beziehungen auftreten, die nur schwer zu überschauen sind.

Strukturexzerpt zu dem Text »Die Entwicklung der Uhr« aus der Übung 15.

(Früheste Uhren) → ein Zeiger bewegt sich →
Gewichtsbalken täglich Minuten falsch

Pendel ——————→ wesentlich genauer
↓ ↓
(bessere Hemmungen)
besseres Pendel
↓
Quecksilberpendel immer genauere Zeitmessung
↓
Messing-Stahl-Pendel
↓
(Atm. Druckausgleich)
fast freies Pendel
↓
freies Pendel
↓
vibrierende Quarzkristalle
↓ ↓
vibrierende Cäsiumatome ——————→ alle 3 000 Jahre 1 Sekunde falsch

Zum Abschluß dieses Kapitels noch einen ziemlich schwierigen Text (der fast nur aus Aufzählungen besteht), der aber mit unserer Technik recht gut zu bewältigen ist. Es handelt sich dabei ausschließlich um eine Aufzählung von Firmen, für die das Autoleasing in Frage kommt. Da dieser Text von allen bislang behandelten Texten den größten Schwierigkeitsgrad hat, sollen Sie ihn für den Bereich Texte als Generalprobe ansehen.

Sie kommen mit diesem Text dann sehr gut zurecht, wenn

Sie folgendermaßen vorgehen: Stellen Sie sich einfach vor, Sie würden jemand in Ihrer Firma oder in einer erdachten Firma herumführen und dabei die einzelnen Gebäudehallen und Produktionszweige zeigen. Während dieser Führung tauschen Sie die tatsächlichen Gebäude gegen die einzelnen Bereiche in Ihrem Text aus. Dabei ist das Produktionsunternehmen Ihre eigene Firma, als Dienstleistungsunternehmen stellen Sie sich einfach in einem Gebäude eine Vermögensberatungsgesellschaft vor, damit Sie sich wieder an das Dienstleistungsunternehmen erinnern. Ein Teilbereich dieser Vermögensberatungsgesellschaft ist auf Versicherungen spezialisiert; damit haben Sie bereits den dritten Punkt gespeichert usw.

In dieser Art und Weise verändern Sie Ihre Firma systematisch und lassen diese Veränderungen vor Ihrem geistigen Auge ablaufen. Dabei können Sie diese Firma sowohl aus der Vogelperspektive als auch aus der Froschperspektive sehen.

Eine weitere Möglichkeit besteht darin, anstatt der Firma eine Geschäftsstraße zu sehen, in der Sie dann systematisch die gewünschten Punkte unserer Texte unterbringen. Darüber hinaus können Sie sich natürlich auch vorstellen, wie Sie über eine Landkarte fliegen und dabei die Bereiche unseres Textes sehen, die für Autoleasing in Frage kommen usw.

Bitte nehmen Sie nun die Möglichkeit, die Ihnen am sympatischsten ist, und stellen Sie sich den Text systematisch vor. Diesmal finden Sie keine weiteren Anregungen in unserer Ideenliste, weil ich Ihnen das Wichtigste bereits gesagt habe.

Übung 30
Marketingtext – Welcher Autokunde kommt für Leasing in Frage?

- Produktionsunternehmen mit eigenem Vertriebs- und Service-Außendienst
- Dienstleistungsunternehmen
- Versicherungen
- Warenartikelunternehmen
- Großhandlungen mit Außendienst
- Unternehmen mit einem größeren Filialnetz
- Selbständig arbeitende Filialen
- Generalvertretungen mit eigenen Fahrzeugen
- Vertriebstochtergesellschaften ausl. Unternehmen
- Produktionstochtergesellschaften ausl. Unternehmen
- Größere Bauunternehmen (Vorsicht bei Restwerten, Wagen werden stark beansprucht)
- Speditionsunternehmen sowohl für Außendienst wie auch für Einsatz im Nahverkehr
- Brauereien
- E-Werke mit techn. Außendienst
- Gaswerke mit techn. Außendienst
- Öl-Vertriebsfirmen
- Öl-Gesellschaften
- Installations- und Elektrofirmen f. techn. Außendienst
- Bundespost, Bundesbahn, öffentl. Verwaltung
- Apothekerzentralen
- Brotfabriken

Möglichkeiten der Assoziation:
Firma aus der Vogelperspektive (Sandkastenmodell)
Firmenbesichtigung Froschperspektive (Wanderung)
Bekannte Straße (zum Teil austauschen)
Konstruierte Straße (Landkartenprinzip)
Quelle: Die Leasing-Fibel, H. v. Schönaich, Verlag Opel Auto-Leasing, Frankfurt

D Lerntheorien

Zum Schluß noch einige Lerntheorien, die in der Psychologie z. Z. vorherrschen.

Pawlow, der russische Physiologe (1849–1936), machte folgenden interessanten Versuch. Während ein Hund Futter bekam, läutete jedesmal eine Glocke. Das wurde oft wiederholt, und jedesmal beim Anblick des Futters war in der Schnauze des Hundes Speichelfluß festzustellen. Später läutete Pawlow nur noch die Glocke, ohne daß das Futter gereicht wurde, und wieder trat der Speichelfluß auf. Im Gedächtnis des Hundes ist die Glocke mit dem Speichelfluß assoziiert worden, der Hund reagierte auf einen Stimulus. Bezeichnet wurde das Ganze als Lernen als bedingter Reflex.

Lernen durch Versuch, Irrtum und Erfolg: Die Versuche zu dieser Lernart gehen auf den amerikanischen Psychologen Thorndike (1874–1949) zurück. Er steckte eine Katze in einen Käfig und stellte außerhalb des Käfigs Futter hin. Die Katze versuchte nun, den Käfig zu verlassen, was ihr allerdings nicht so leicht gemacht worden war. Es erfolgte nun zunächst einmal eine Reihe von Versuchen, den Käfig zu verlassen (Versuchsphase). Viele Versuche schlugen fehl (Irrtumsphase), einer schließlich führte zum Erfolg. Von da an wußte die Katze, wie sie den Käfig verlassen konnte. Sie wußte es um so besser, je schmackhafter das Futter war, je größer also die anschließende Befriedigung und der damit verknüpfte Erfolg war (Effektgesetz), und der Vorgang prägte sich ebenfalls um so besser in das Gedächtnis der Katze ein, um so häufiger dieses Experiment wiederholt wurde (Frequenzgesetz).

Damit waren die zwei Lernmöglichkeiten aufgezeigt, die beim Tier fast ausschließlich und beim Menschen nur unter anderem vorkommen. Der deutsche Psychologe Köhler führte nämlich noch das Lernen durch Einsicht an. Sein Versuch dazu sah so aus: Ein Affe befand sich in einem Käfig, außerhalb des Käfigs lag ein schmackhaftes Futter. Es gab jedoch keine Möglichkeit für den Affen, den Käfig zu verlassen. Da er es erst einmal versuchte, durchlief er wieder die Phasen Versuch, Irrtum, aber kein Erfolg. Plötzlich bemerkte er einige Stöcke in seinem Käfig; er nahm sie auf, und nach einem kurzen Innehalten angelte er mit einem Stock das Futter in den Käfig hinein.

Hier hat also offensichtlich eine Einsicht stattgefunden, daß es möglich sei, mit Hilfe eines Stockes die eigene Reichweite zu verlängern. Köhler leitete daraus noch folgende Regel ab: Erstens, so sagte er, muß die ganze Situation überschaubar sein. Wenn eine Sache (auch für den denkenden Menschen) nicht überschaubar ist, kann keine Einsicht stattfinden. Zweitens muß eine gewisse Erfahrung vorangegangen sein, in diesem Falle mit dem Hilfsmittel Stock. Der Affe in dem Käfig muß schon einmal Erfahrungen in irgendeiner Weise mit den Stöcken gehabt haben, um zu seinem Ergebnis zu gelangen. Genauso muß der Mensch mit bestimmten Gegenständen irgendwelche Erfahrungen gemacht haben, um sie in einer neuen Situation durch Einsicht richtig einzusetzen.

Damit wären also die drei Arten des Lernens nach der Lerntheorie kurz umrissen. Diese drei Arten treffen natürlich ganz und gar für den Menschen zu, aber in unterschiedlicher Intensität während seiner Entwicklung, denn der Mensch strebt durch seine geistige Weiterentwicklung auf das Lernen durch Einsicht hin und von den ersten beiden Arten fort.

Frageseite

1. Was ist ein Strukturexzerpt?
2. Wie behalten Sie den schwierigen Leasingtext?

Antwortseite

1. Das Wichtigste wird aus einem Text herausgeschrieben und in einer Art Raster strukturiert, damit inhaltliche Beziehungen klarer zum Vorschein kommen.
Wenn falsch: Abschnitt C.

2. Sie tauschen die Gebäude einer Firma oder die Geschäfte einer Straße gegen die aufgezählten Unternehmen im Leasingtext aus und stellen sich dieses Austauschen bzw. das Endergebnis nach dem Austausch bildlich vor.
Wenn falsch: Abschnitt C.

Ideenliste

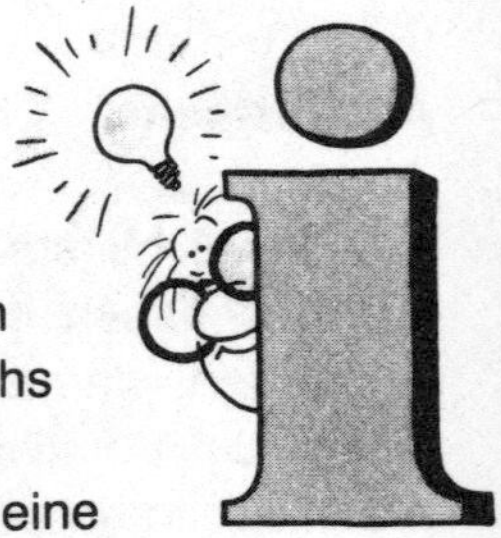

Übung 27
Ein Beter steht mit einem Jäger im Garten und betrachtet sich die Schienen. Ein Fuchs läuft eine Kaule entlang, springt über eine Gosse auf einen Käse. Vor einer Burg ist eine Straße, worauf ein Apfelkitsch liegt; über diese Straße führt ein Balken, daran hängt eine Leine. Ein Weber steht in Berlin auf einer Straße vor einer Leiche. In dem Horst eines Falken steht jemand und ziert sich, weil er sich eine neue Kappe anzieht.

Übung 28
Der deutsche Michel geht einen Weg entlang, auf dem lauter Holz liegt, und findet dort eine Latte. Der Mann vom Bau nimmt eine Sichel in die Hand und fängt damit an zu geigen. Auf der Straße, die nach Wahn führt, steht jemand, der sehr groß ist, vor einem Kohleberg. Auf einer alten Fähre sind vier Knoten, mit dem ein Schal festgebunden ist. Ein Jockei wird in einen Bach geschleudert, mitten zwischen Lilien. In einer Kammer wird geröntgt und dabei Kaffee getrunken. In der Diele liegt Barbarossa auf einer Liege. Auf einem Acker liegen lauter Steine, mitten im Acker steht ein Tresen mit einer Kanne drauf. Faust steht auf der Straße und betet und murmelt anschließend das Wort Amen, wobei er Schaum vor dem Mund hat. Jemand ist sehr clever, läuft durch eine Gasse nachts und rasselt mit einer Kette, stößt sich aber dabei den Kopf und schreit au.

Übung 29
Die Vertreter handeln mit Latten. In den Büros liegen lauter Rollen. Die Arbeiter besuchen mit ihren Kindern einen Schuttabladeplatz. Auf den Katalogseiten sind Lassos abgebildet. Die Gastarbeiter sitzen auf einem Rohr. Über den Werkstraßen ziehen sich Dachrinnen hin. Die Arbeiter haben ein wei-

ßes Gewand wie ein Scheich an. Jemand schießt auf die einzelnen Gebäude. Die kranken Personen werden mit einer Lore weggefahren. Das Krankenpflegepersonal wird mit einem Scheck ausbezahlt. 70 freie Mitarbeiter verkaufen Käse. Mit dem Vermögensbildungsgesetz rächt sich die Firma an den Angestellten. Einige Unfälle sind an einem Riff passiert. Jeder der Griechen trägt eine Leine. Dort, wo die Hausnummer zu sehen ist, ist eine Liege hingestellt. Der Dienstwagen ist voller Schaum. In den Zeitschriften und Zeitungen kann man als Werbung eine Rippe sehen. Der Dozent verlangt durch eine Rute Respekt. Die produzierten Wagen werden auf ein Schiff geladen. Die Köche sind anscheinend erkältet und haben einen dicken Schal um den Hals. Wir liefern Lämmer in 53 Länder. Italiener arbeiten an einer Dampframme. Auf einer Glasscheibe ist der Umsatz, der in die Werbung geht, skizziert. Die Leute in der Forschung haben besonders dicke Lippen. An der Umsatztafel hängt ein Rock. Die Personen im Vorstandsstab haben Lilien auf den Schreibtischen stehen. Zulieferanten müssen über einen breiten Lavastrom. Die sanitären Anlagen sind von Schienen durchzogen. Die leitenden Angestellten haben in der Hand eine Schere. Die Asiaten stehen ratlos um eine Leiche herum.

II. Lerntechnik

Das bisherige Gedächtnistraining ist eine Methode, die das Gedächtnis verbessert, indem Sie sich Bilder vorstellen.

Bei der Lerntechnik handelt es sich um eine Lernorganisation, bei der das Gedächtnis vorübergehend besser ausgenutzt wird wie zum Beispiel durch Zeitpläne oder die richtige Art des Wiederholens (Lernkartei).

13. Die Lernkartei

Wenn Sie auf einen bestimmten Termin hin lernen, z. B. eine Prüfung, dann ist es sicherlich von Vorteil, wenn Sie das, was Sie lernen, systematisch und geordnet wiederholen.

Und dazu ist eine sog. Lernkartei da. Sie besteht aus einem Karteikasten (z. B. können Sie ihn mit einfachen Mitteln aus einer Zigarrenkiste bauen, oder Sie kaufen einen Karteikasten) und aus den entsprechenden Karteikarten. Der Karteikasten ist in vier Fächer unterteilt; jedes folgende Fach ist etwas größer als das vorhergehende. Auf die Karteikarten schreiben Sie pro Karte etwa drei Fragen und auf die Rückseite die drei entsprechenden Antworten. Das Ganze sieht dann so aus:

Karteikarte Vorderseite	Karteikarte Rückseite
1. Nach welcher Zeit sind die Gehirnzellen endgültig vernetzt?	1. Drei Jahre nach der Geburt
2. Nennen Sie zwei Namen für Gehirnzellen	2. Neuron- oder Ganglienzellen
3. Welche drei Arten Gedächtnis gibt es?	3. Langzeit-, Kurzzeit- und Ultrakurzzeitgedächtnis

1	2	3	4

Kontrolle immer

Mo	Di	Mi	am 15. d. lf. Monats
Di	Do		
Mi			
Do			
Fr			
Sa			

Die Fragen und Antworten sind natürlich Bestandteil des Wissens, das Ihnen bei der nächsten Prüfung abverlangt wird. Immer wenn Sie die Antworten einer Karteikarte im Gedächtnis haben (achten Sie darauf, daß Sie sich nicht überschätzen und pro Tag zu viele Informationen lernen), dann stecken Sie die Karte in das Fach Nr. 1. Mit der Zeit kommen in dieses Fach immer mehr Karten, nämlich alle diejenigen, die Sie am gleichen Tage noch lernen. Am nächsten Tag wiederholen Sie erst einmal die Karten im Fach Nr. 1, Sie machen also eine Lernkontrolle, denn Fach Nr. 1 wird jeden Tag kontrolliert (montags – freitags). Alle Karteikarten, deren Fragen Sie richtig beantworten können, wandern nun in das Fach Nr. 2. Dort werden sie nur noch dienstags und donnerstags kontrolliert. Öfter ist nicht mehr nötig, denn sie sitzen ja bereits gut im Gedächtnis. Die Karten, deren Frage Sie nicht beantworten können, bleiben vorläufig in Fach Nr. 1, wodurch sie automatisch öfter wiederholt werden. Nach dieser Kontrolle füllen Sie Fach Nr. 1 wie am Vortage durch neu Gelerntes wieder auf. Am nächsten Tag wird Fach Nr. 1 wieder kontrolliert, alles, was Sie diesmal exakt wiedergeben können (Sie prüfen auch das nicht Gewußte vom Vortage), wandert in Fach Nr. 2; der Rest bleibt wieder in Fach Nr. 1.

Das gleiche Verfahren gilt für Fach Nr. 2. Was Sie hier, z. B. bei der Kontrolle am Donnerstag, wissen, wandert in

Fach Nr. 3 und wird nur noch jeden Mittwoch kontrolliert. Nicht Gewußtes wandert wieder in Fach Nr. 1. Die Kontrolle für Fach Nr. 3 sieht so aus: Gewußtes wandert in Fach Nr. 4, nicht Gewußtes in Fach Nr. 2.

Damit ergibt sich also folgende generelle Regel:

Gewußtes wandert einfach weiter und wird damit weniger oft wiederholt (denn es sitzt ja schließlich bereits gut im Gedächtnis), und nicht oder nur ungenau Gewußtes wandert einfach in Fach Nr. 1 zurück (mit Ausnahme des 1. Faches, hier bleibt die Karte bis zum nächsten Tag stecken) und wird automatisch öfter wiederholt, weil es ja auch schwächer im Gedächtnis sitzt.

Mit einer solchen Lernkarte vermeiden Sie also, daß Sie zu oft unnötig wiederholen (was Ihnen nichts bringt und nur Energie vergeudet) und daß Sie zu spät wiederholen und damit praktisch wieder neu lernen müssen. In unserem Falle hat die Kartei vier Fächer. Sie können auch beispielsweise fünf Fächer nehmen und das fünfte Fach alle zwei Monate kontrollieren, denn die hier vorgestellte Kartei soll nur eine Anregung sein. Natürlich können Sie mit einer solchen Kartei auch Vokabeln lernen.

(Anmerkung: In Kapitel 15 finden Sie eine Variante dieser Lernkartei.)

14. Die Merkzeichen

Wenn Sie einen Text durcharbeiten, dann ist es oft sehr wichtig, Gedanken, die Sie dabei haben, in irgendeiner Form festzuhalten. Z. B. finden Sie bestimmte Teile des Textes wichtig, oder anderen Teilen stimmen Sie zu. An manchen Stellen haben Sie Fragen und wollen noch genauer nachschlagen, oder Sie wollen auf eine ähnliche Stelle in einem anderen Text verweisen usw. Damit Ihnen diese Art des Textedurcharbeitens erleichtert wird, gibt es bestimmte Kürzel bzw. Zeichen, die Sie sich zu eigen machen sollten.

Diese Zeichen sehen folgendermaßen aus:

Besonders wichtig:	x
Stimme zu:	!
Habe ich noch Fragen bzw. muß noch an anderer Stelle nachlesen:	?
Verweis auf eine andere Seite im Text:	s. S. 10
Stimme ich nicht mit überein:	n
	usw.

Diese Zeichen schreiben Sie an den Rand, während Sie diesen Text durcharbeiten. Natürlich sind diese Zeichen und Kürzel nur Vorschläge, die Sie übernehmen können, wenn Sie wollen. Sie können sich aber auch eigene Zeichen ausdenken, je nachdem, was für Texte Sie durchzuarbeiten haben. Auf jeden Fall aber werden Ihnen solche Zeichen nützlich sein, um Texte schnell und gründlich durchzuarbeiten.

15. Lernkartei und Zeitpläne

In unserer Lernkartei in Kapitel 13 war durch die Tage eines Monats festgelegt, wann Sie die einzelnen Vokabeln oder Fragen wiederholen wollten. Dazu mußten Sie einen kleinen Zeitplan aufstellen, anhand dessen Sie sich orientieren konnten.

Wenn Ihnen eine solche Zeiteinteilung zu kompliziert erscheint, dann können Sie eine Lernkartei aufbauen, bei der Sie nichts weiter beachten müssen, als daß Sie die Karten je nach Einprägungsgrad nach hinten oder nach vorne verschieben. Eine solche Lernkartei sieht folgendermaßen aus: Die einzelnen Fächer der Lernkartei werden wieder nach hinten hin größer, aber diesmal ist jedes folgende Fach etwa doppelt so groß wie das vorherige.

1	2	3	4	5

Den Karteikasten kann man wieder selbst herstellen oder im Handel fertig kaufen. Es empfiehlt sich eine Einteilung in fünf Fächern mit den Maßen 2 cm / 2 cm / 4 cm / 8 cm / 16 cm. (Fach 1 muß Platz für »Ladenhüter« haben.)

Die Karteikarten (am besten Format DIN A 7) werden wieder so beschriftet, wie im Kapitel 13 beschrieben (d. h. ein bis drei Fragen oder Vokabeln auf die Vorderseite und die Antworten auf die Rückseite).

Den zu lernenden Stoff überträgt man nun auf die Karteikarten (max. 30 bei einem Lernprozeß, um die schon beschriebene Lernhemmung zu vermeiden). Ein Lernprozeß ist ein abgeschlossener Block, auf den hin eine Pause erfolgen muß, wenn Sie mehrere Blöcke am Tag lernen. Lernen Sie nur einen Block pro Tag, so ergibt sich die Pause automatisch nach Abschluß des Lernprozesses. Einen solchen Block steckt man in das 1. Fach. Dann beginnt man mit dem Lernen. Man nimmt die erste Karte heraus, liest die Frage und versucht, sich an die Antwort (vielleicht beim Schreiben schon gemerkt) zu erinnern. Gelingt dies nicht, dreht man einfach die Karte um und repetiert die Antwort mehrmals laut über einen Zeitraum von etwa 20 Sekunden (UKZG!). Diese Karte wird dann aber nicht ins 2. Fach gesteckt, sondern wieder ins 1., und zwar an die hinterste Stelle der Karteireihe.

Nur die bereits gewußten Fragen, Vokabeln usw. wandern ins 2. Fach. Die im 1. Fach verbliebenen werden so lange wiederholt, bis auch sie gewußt sind und damit im 2. Fach landen. So verfährt man (z. B. in den nächsten Tagen) beim Lernen von neuem Stoff, bis das 2. Fach voll ist. Dann stoppt man mit dem Lernen bzw. Schreiben der Karten und beginnt mit der Kontrolle des 2. Faches (entweder nach einer Pause oder am nächsten Tag). Die Karteikarten mit den gewußten Informationen wandern ins 3. Fach, die schon wieder vergessenen ins 1. Fach. Genauso leeren sich die Fächer 3 und 4, da auch diese Fächer irgendwann einmal voll sein werden. Dabei empfiehlt es sich, bei den größeren Fächern jeweils nur einen fingerbreiten Kartenstapel (einen abgeschlossenen Block) zu wiederholen. Die Karteikarten, deren Informationen nach der Überprüfung des 5. Faches noch gewußt werden, kann man getrost ad acta legen, weil die Informationen inzwischen fest im Langzeitgedächtnis verankert sind.

Der Lernvorgang von Fach 1 bis Fach 5 kann sich natürlich je nach Lernintensität und Lernrhythmus jedes einzelnen über mehrere Wochen hinziehen. Nur sollten Sie beachten, daß Sie für jedes Fachgebiet nur eine Lernkartei benutzen.

Warum bei dieser Lernkartei der Zeitplan entfällt, ist Ihnen sicher klargeworden, denn die Größe der einzelnen Fächer bestimmt automatisch, wann Sie wiederholen müssen, nämlich dann, wenn ein Fach voll ist.

Und nun zu einem Zeitplan, der für das Lernen generell wichtig ist. Es ist eine bekannte Tatsache, daß man sehr schnell den Überblick verliert, wenn man einfach so draufloslernt.

Das läßt sich durch einen Zeitplan vermeiden. Nehmen wir einmal an, Sie müssen in einem Jahr die Prüfung machen. Dazu brauchen Sie die Fächer Englisch, Deutsch, Mathematik, Buchführung und Politik. Dann halten Sie in einem langfristigen Zeitplan fest, welches Pensum Sie bis zur Prüfung bewältigen wollen, welche Fächer bevorzugt gepaukt werden sollen und wie die Teillernziele von Monat zu Monat aussehen sollen. Dabei können Sie in aller Ruhe einschätzen, was Sie sich zumuten wollen.

Die zweite Möglichkeit ist, einen mittelfristigen Zeitplan aufzustellen. Z. B. müssen Sie in zehn Tagen eine Konferenz leiten oder einen Vortrag halten, oder Sie sind Schüler und schreiben zu diesem Termin eine Arbeit. Dann sollten Sie den Lernstoff, den Sie in diesen zehn Tagen bewältigen wollen, ebenfalls schriftlich einteilen, damit Sie sich nicht verzetteln.

Die dritte Art Zeitplan ist ein kurzfristiger Zeitplan. Er gilt jeweils nur für einen Tag. Durch ihn teilen Sie ein, in welcher Reihenfolge Sie die einzelnen Fächer pro Tag lernen wollen, wann Sie Pausen einlegen, wann Sie bestimmte Fächer wiederholen wollen, ob Sie am Tag etwas später beginnen und dafür auch später aufhören (Nachtmenschen) oder aber, ob Sie früher beginnen und auch früher aufhören mit Lernen (Frühmenschen). Vielleicht teilen Sie den Tag in zwei Blöcke auf, damit Sie zwischendurch eine längere Pause machen können usw.

Letzten Endes ist eine solche Einteilung subjektiv, und Sie müssen erst einmal drei oder vier solcher Pläne aufgestellt haben, damit Sie Ihre beste Art zu lernen kennenlernen. Auch wenn Sie jeden Morgen 15 Minuten Zeit für einen solchen Zeitplan opfern, es zahlt sich auf jeden Fall aus, denn Sie vermeiden dadurch, sich zu verzetteln oder zu überschätzen.

An dieser Stelle noch einen Tip. Die Pausen, die Sie in Ihren Zeitplan einbauen, sollten immer zwischen zwei verschiedenen Fächern liegen, denn wenn Sie z. B. Mathematik gelernt haben und anschließend sofort mit Englisch beginnen, dann wird das Phänomen der pro- und retroaktiven Lernhemmung (Kapitel 8) Ihre Lernleistung sehr stark stören, denn diese Lernhemmungen treten auch dann stark auf, wenn die aufeinanderfolgenden Lernstoffe verschieden sind. Nun kann es aber sein, daß Sie sich erstens sehr frisch fühlen und zweitens durch Pausen nicht soviel Zeit verlieren möchten. Dann wiederholen Sie in dieser Pause Mathematik vom Vortage. Wiederholen ist kein so aktiver Vorgang in Ihrem Gehirn, wodurch sich auch die beiden Arten der Lernhemmung (Kapitel 8, Abschnitt C) kaum noch auswirken. Gleichzeitig aber haben Sie die Pausen sinnvoll ausgenutzt.

16. Lernen ohne Streß

Lernen steht und fällt mit der Konzentration, und die Konzentration wird unter anderem sehr stark durch Ermüdungserscheinungen negativ beeinflußt.

Ihr Gedächtnis kann noch so gut sein; sind Sie müde oder abgespannt oder verkrampft, dann wird Ihre Konzentration gestört und kann bis auf den Nullpunkt absinken. Verkrampftes und abgespanntes Lernen ist Lernen unter Streß, und ein gestreßter Lerner war noch nie ein guter. Erinnern Sie sich an Ihre Schulzeit zurück. Ihr Gedächtnis versagte immer dann, wenn Sie unter Druck lernen mußten oder wenn Sie spürbare Prüfungsangst empfanden. Das Schlagwort hierzu ist der sogenannte Prüfungsstreß.

Plötzlich ist der Kopf wie leer, als hätte man nie etwas gelernt. Selbst mit großer Anstrengung gelingt es einem nicht mehr, sich an das Gelernte zu erinnern.

Selbst wenn diese extreme Situation nicht zutrifft, so ist man doch zumindest sehr stark beim Lernen behindert, wenn man sich verspannt, abgeschlafft oder müde fühlt. Die Motivation ist weg, und selbst mit Gewalt geht kaum etwas in den Kopf hinein.

Ganz klar, Gewalt hilft hier nicht weiter. Sie müssen zusehen, daß Sie wieder in einen lockeren, positiven, lernentspannten Zustand gelangen. Dazu sind Entspannungsübungen gut geeignet. Bekannt sind z. B. das autogene Training, Meditation, Selbsthypnose, Silva-Mind-Control, Mind-Development, progressive Muskelentspannung und die elektronische Entspannung.

Hier eine kurze Aufstellung der Wirkungsweisen der einzelnen Methoden:

1. Autogenes Training: Entspannungseinstieg über Schwere und Wärme des Körpers
2. Meditation: Entspannungseinstieg über Verinnerlichung und Selbstbesinnung
3. Selbsthypnose: Entspannungseinstieg über die Schwere der Augenlider (eine von mehreren Möglichkeiten)
4. Silva-Mind-Control: Entspannungseinstieg über gedanklich gesprochene Zahlen und geistig vorgestellte Farben
5. Mind-Development: Konkurrenzmethode mit gleichem Inhalt wie Methode Nr. 4
6. Progressive Muskelentspannung (nach Jakobs): Entspannungseinstieg über bewußtes Anspannen und Entspannen der Muskeln
7. Elektronische Entspannung: Entspannungseinstieg über Musik und Stimme, der Endzustand der Entspannung wird hier bereits nach 2 Stunden erreicht; bei autogenem Training z. B. ist die durchschnittliche Dauer 6 Wochen bis zur endgültigen Entspannung (elektronische Entspannung wird im Institut des Autors praktiziert).

Wenn Sie nicht mindestens eine dieser Entspannungsmethoden können, dann sollten Sie sie zum besseren Gelingen des Lernens erst einmal einüben. Autogenes Training und Meditation können Sie auf der Volkshochschule oder in entsprechenden Managementseminaren erlernen (ein intensives Trainingsprogramm hierzu finden Sie auch in dem Buch: Günther Beyer, Mehr lernen und leisten ohne Streß, Lexika Verlag). Ebenfalls in der Volkshochschule und auf Managementseminaren können Sie die progressive Muskelentspannung erlernen. Selbsthypnose lernen Sie in der Regel entweder nur bei Ärzten oder Heilpraktikern. Hier sollten Sie sich in der näheren Umgebung erkundigen.

Die Methoden Silva-Mind-Control und Mind-Development werden in einer Reihe von Seminaren in der Schweiz und Amerika angeboten, neuerdings auch in der Bundesrepublik. Hier müssen Sie sich im einzelnen Fall erkundigen.

Die elektronische Entspannung können Sie im Institut des Autors erlernen, und zwar sowohl in sogenannten Motivations- und Selbst-Motivationsseminaren als auch in den Seminaren Superlearning.

Mehr zu den Themen »Lernen in Entspannung« finden Sie unter III. Superlearning und IV. Lernen im Schlaf.

III. Superlearning

17. Was ist Superlearning?

In den letzten Jahren liest man in der Presse immer wieder von einer Super-Lernmethode aus Sofia in Bulgarien, mit der man – will man den Berichten glauben – in der Entspannung 1 000, 2 000, ja sogar 3 000 Vokabeln pro Tag aufnehmen kann. Diese Methode heißt »Superlearning« und wird als *die* Lernmethode in der heutigen Zeit dargestellt. Dabei ist dies keine neue Lernmethode, sondern lediglich eine Methode, die in der letzten Zeit ein neues Gesicht bekommen hat. Auch leistet diese Lernmethode nicht das, was immer propagiert wird, schon gar nicht 3 000 Vokabeln am Tag, zumindest sind solche Lernleistungen bislang nicht unter Beweis gestellt worden. Aber 200 – 300 Vokabeln am Tag abrufbar abzuspeichern und in Sätzen zu sprechen, dies läßt sich mit dieser Methode schon erreichen, ohne daß man sich wie beim konventionellen Lernen anstrengen muß.

Allerdings muß sie mehr sein als lediglich ein Lernen in der Entspannung. Es genügt nicht, Vokabeln auf eine Kassette zu sprechen, im Hintergrund entspannende Musik, z. B. Barockmusik, abspielen zu lassen und dann solche Kassetten an Lernwillige zu verkaufen. Damit ist keine zufriedenstellende Gedächtnisverbesserung für Vokabeln zu erreichen.

Was aber Superlearning tatsächlich erreichen kann, wenn man es richtig versteht und richtig anwendet, das soll auf den folgenden Seiten erklärt werden.

Grundsätzlich ist Superlearning die Summe vieler guter

Lernmethoden, die zur Zeit bekannt sind. Dazu gehört das Lernen in Entspannung, das Lernen mit einer visuellen Assoziationstechnik (das Vorstellen von Bildern für Vokabeln nach der Beyer-Methode), das richtige Atmen beim Lernen sowie ein spielerisches Lernen mit hoher Motivation (durch Brett-, Karten-, Theater- und Videospiele). Hinzu kommen noch das Singen von Liedern, Scrabble und Lernen im Schlaf.

Am bekanntesten davon ist wohl das Lernen in Entspannung geworden, das sogenannte Lernen in Alpha. Anfang der siebziger Jahre wurde diese Methode durch Professor Losanow aus Sofia in Bulgarien bekannt. Es wurde berichtet, daß Professor Losanow Kursteilnehmern Vokabeln mit Hintergrundmusik (barocke Entspannungsmusik) vorspielte. Diese Vokabeln waren teils energisch laut, teils leise geflüstert und teils neutral nüchtern vorgesprochen. Hierdurch sollten, wie berichtet wurde, die Schüler sehr viele Vokabeln lernen können, ohne sich anstrengen zu müssen. 1971 wurde von etwa 300 Vokabeln am Tag gesprochen. Diese Methode kam dann über Amerika neu nach Europa und wurde bei uns etwa 1981 durch eine Veröffentlichung von zwei amerikanischen Journalisten publik, die in einem Buch über die Superlearning-Methode für Sprachen berichteten. Hier handelte es sich aber nur um einen Bericht, nicht etwa um ein Trainingsprogramm.

Inzwischen ist diese Superlearning-Methode zum Sprachenlernen wesentlich bekannter geworden, so daß inzwischen mehrere Anbieter in Deutschland diese Lernmethode verkaufen. Allerdings: Viele bieten leider nur das Lernen in der Entspannung an und verzichten gänzlich auf das spielerische Lernen und schon gar auf das Lernen mit der visuellen Assoziationstechnik. Diese drei Methoden sind jedoch die Hauptbestandteile des Superlearning, wenn Superlearning seiner Definition als die Summe der zur Zeit besten bekannten Lernmethoden gerecht werden will.

Im folgenden möchte ich nun diese drei Hauptpunkte, also Lernen in der Entspannung, Lernen durch Spielen und Lernen mit Hilfe der visuellen Assoziationstechnik, erläutern. Lernen im Schlaf wird ab Kapitel 25 gesondert beschrieben.

18. Das Lernen in Entspannung

Grundlage für dieses Lernprogramm ist eine gute Entspannung. Was ist eigentlich eine optimale Entspannung? Eine Entspannung ist nichts anderes als der Zustand »Alpha«. Zur Verdeutlichung finden Sie auf dieser Seite eine grafische Darstellung Ihres Schlafrhythmus.

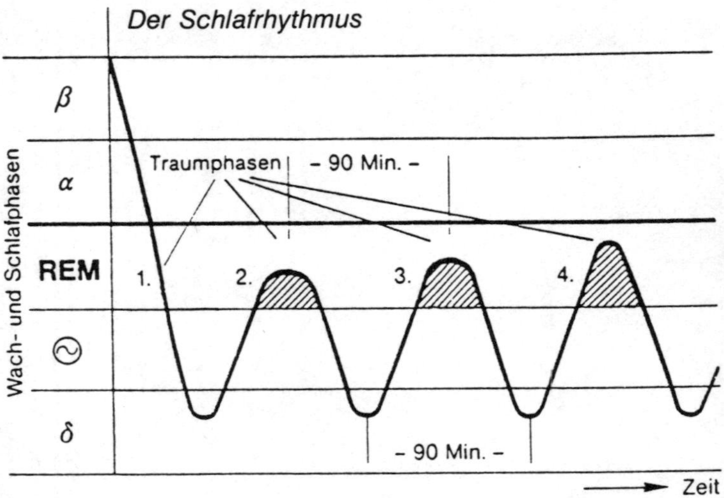

Jeder Mensch hat zwei sogenannte Wachphasen und drei Schlafphasen. Die Wachphasen werden mit Beta und Alpha bezeichnet, die Schlafphasen mit REM (Traumphase), Theta und Delta. Von den beiden Wachphasen ist Beta die Phase der hellen Wachheit und Alpha die Phase der entspannten, abgeminderten Wachheit. REM ist schon – wie in der Klammer erläutert – die sogenannte Traumphase während des Schlafes. Der Theta- und Deltabereich dienen der körperlichen Erholung nachts.

Wenn Sie sich z. B. in der Betaphase befinden, dann sagt man auch: Sie sind gerade in Beta oder im Betarhythmus oder in der Betazone. Je angespannter Sie sind, je konzentrierter im Sinne von gestreßt und verspannt, desto mehr befinden Sie sich in Beta. Je entspannter und gelockerter Sie sind (z. B., wenn Sie eine Entspannungsmethode beherrschen), um so eher sind Sie in Alpha. Allerdings hängt es von Ihrem Trainingsgrad ab, wie intensiv Sie mit einer Entspannungsmethode in Alpha hineinkommen. Es kann geschehen, daß sich viele Seminarteilnehmer, die autogenes Training trainiert haben, lediglich einbilden, in Alpha zu sein, in Wirklichkeit aber auf einem EEG ein Betarhythmus angezeigt wird. (EEG ist die Abkürzung von Elektroenzephalograph; dies ist ein Gerät, das die elektrische Tätigkeit des Gehirns grafisch niederschreiben kann.) Durch dieses grafische Niederschreiben stellt man fest, daß das Gehirn in seinem Betarhythmus eine Frequenz von 15–35 Hertz (Schwingungen pro Sekunde) abgibt. Im Alpharhythmus sind es Schwingungen von 8–12 Hertz. Hier handelt es sich also um eine tatsächliche physiologische oder, wenn man so will, elektronische Trennung von Alpha und Beta und nicht nur um eine willkürliche Definition.

Wenn Sie also eine Entspannungstechnik beherrschen und sich nicht nur einbilden, in Entspannung zu sein, dann befindet sich Ihr Gehirn tatsächlich in Alpha. Und Alpha ist der Entspannungszustand, der bei Superlearning ausgenutzt wird, um entstreßt und ohne Spannung zu lernen. Wer in Anspannung und unter Streß lernt, wird niemals seine volle Leistungsfähigkeit beim Lernen erreichen. Bekannt sind die sogenannten Denkblockaden durch Streß, bei denen plötzlich das Gehirn wie leer erscheint (z. B., wenn jemand eine Rede hält, die er zu Hause noch gut im Gedächtnis hatte, die aber vor Publikum wie weggewischt ist!).

Wie Sie nun auf der Grafik sehen, durchläuft jeder Mensch sowohl Beta, Alpha als auch REM, Theta und Delta, wenn er sich schlafen legt. Das bedeutet, daß Sie gegen Abend immer müder werden und damit auch schon immer mehr von Beta in Richtung Alpha sinken. Liegen Sie dann im Bett, um einzuschlafen, dann sinken Sie nach kurzer Zeit (Müdigkeit vorausgesetzt) durch Alpha nach REM. Sobald Sie die Grenze nach REM überschreiten, haben Sie die Stelle erreicht, bei der Sie am nächsten Tag sagen würden: »Und dann war ich plötzlich weg!«

Die REM-Phasen, also die Traumphasen, kehren in einer bestimmten Periode (alle 90 Minuten) immer wieder. Genauso durchlaufen Sie in diesem Rhythmus die körperlichen Phasen Theta und Delta. Hier sei darauf hingewiesen, daß man die REM-Phasen ebenfalls zum Lernen benutzen kann, man spricht dann von »Lernen im Schlaf«. Wenn Sie dieses Lernprogramm interessiert, dann lesen Sie bitte Teil IV. Lernen im Schlaf.

Um in Alpha zu gelangen, gibt es natürlich verschiedene Möglichkeiten, so z. B. das schon erwähnte autogene Training. Ebenfalls gibt es eine sogenannte elektronische Entspannung, das ist ein bestimmtes Verfahren, das in unseren Seminaren angewandt wird, das sich aber auch in ähnlicher Form auf einer Entspannungskassette »Strandszene« wiederfindet, die in unserem Institut mit Hilfe eines EEG entwickelt wurde.

Darüber hinaus ist es auch möglich, mit Meditation bis in Alpha hineinzugelangen. Allerdings dauert es viele Monate, wenn man durch eine Meditationstechnik in Entspannung gelangen will, da diese Technik gleichzeitig bedingt, daß Sie Ihre Lebenseinstellung verändern, und zwar in Richtung auf eine Form der innerlichen Ruhe und Verinnerlichung. Man kann auch salopp sagen: Meditation ist mehr eine Philosophie, bei der Sie das Leben ganz anders sehen.

Autogenes Training ist, verglichen damit, eine Technik, bei der Sie bestimmte Entspannungszustände relativ schnell (in der Regel nach 6–8 Wochen) erreichen.

Mit einer elektronischen Entspannung allerdings – wie bei der Entspannungskassette »Strandszene« – stellt man fest, daß bereits nach 3–7 Durchgängen (das bedeutet nach 3- bis 7mal einer halben Stunde) der intensive Zustand von Alpha erreicht wird.

Sie entscheiden immer selbst, wie Sie in eine solche Entspannung hineingelangen. Denn nur der Zustand Alpha ist wichtig und nicht die Art und Weise, wie Sie dort hineingekommen sind. Wenn Sie aber noch keine Entspannungstechnik beherrschen, dann müssen Sie auf jeden Fall trainieren, bevor Sie mit dem Sprachenlernen beginnen. Dazu das Beispiel der Entspannungskassette »Strandszene«:

Seite 1 dieser Kassette beinhaltet nur die Entspannungsmusik, auf Seite 2 hören Sie diese Entspannungsmusik mit Wortbegleitung. Sie erlernen erst einmal mit der Seite 2 (also Musik mit Wortbegleitung) die Entspannung. Nach kurzer Zeit (etwa 3–5 Tagen) werden Sie in der Lage sein, sehr gut in eine tiefe Alpha-Entspannung hineinzugehen. Anschließend genügt es, wenn Sie einige Male nur die Seite 1 mit der Musik abspielen. Während Sie diese Musik hören, lassen Sie sich genauso in die Entspannung sinken, wie Sie es bereits mit der Seite 2 getan haben, nur dieses Mal ohne Hilfe durch die Wortbegleitung. Wenn Ihnen das auch gelingt, dann beginnen Sie mit dem Sprachtraining. Indizien für die Entspannung sind z. B. eine gewisse Körperschwere oder das Gefühl der Leichtigkeit oder der Wärme. Manchmal haben Sie auch das Gefühl, Sie schweben, oder Sie sehen deutlich farbenprächtige Bilder.

19. Sprachenlernen nach der Superlearning-Methode

Hierzu gibt es spezielle Sprachkassetten, auf denen im Hintergrund eine Entspannungsmusik zu hören ist. Während diese Sprachkassetten ablaufen, lassen Sie sich wiederum genauso in die Entspannung sinken wie vorher bei der Entspannungskassette. Je besser Sie inzwischen in der Lage sind, sich in diese Entspannung zu versetzen, desto leichter und entspannter werden Sie die Vokabeln erlernen. Es wird natürlich Tage geben, an denen Sie weniger tief in der Entspannung sind (z. B. Tage voller hektischer Betriebsamkeit), und solche Tage, an denen Sie eine wesentlich tiefere Entspannung erreichen. Davon hängt dann immer die Effizienz ab, mit der Sie die Vokabeln lernen.

Die Vokabeln der Sprache, die Sie lernen wollen, z. B. Italienisch, Spanisch, Französisch oder Englisch, sind mal laut, mal leise und mal normal auf Kassette gesprochen. Durch dieses »dramatische« Sprechen wird ihre Aufmerksamkeit erhöht, während durch die entspannende Hintergrundmusik Ihre Entspannung und damit auch der Lerneffekt erheblich verstärkt werden. Zu den Kassetten gehört jeweils ein Vokabelheft mit Lautschrift. Hierzu als Beispiel ein bestimmtes Lernprogramm:

Für jedes Sprachprogramm gibt es drei Kassetten à 400 Vokabeln, also mit 200 Vokabeln auf jeder Seite. Diese 200 Vokabeln sind in zwei Blöcke à 100 Vokabeln unterteilt. Sie lassen immer einen Hunderterblock durchlaufen und kommen danach wieder aus der Entspannung heraus. Sie haben dazu genügend Zeit, denn am Ende eines jeden 100er-Blocks hören Sie eine spezielle Aufweckmusik.

Jeder Hunderterblock beginnt mit einem Metronom, um einen bestimmten Atemrhythmus einzuüben (siehe Kapitel 21).

Es gibt nun für Sie verschiedene Möglichkeiten, die Vokabeln zu erlernen:

A. Im Liegen mit geschlossenen Augen

1. Sie lassen sich in der Entspannung lediglich von diesen Vokabeln berieseln und hängen ansonsten Ihren Gedanken nach.
2. Sie verfolgen diese Vokabeln aktiv, d. h., daß Sie in den Pausen, die jeweils nach einer Vokabel folgen, diese Vokabel noch einmal in Gedanken wiederholen oder sogar mit den Lippen mitformulieren.
3. Sie können sich darüber hinaus auch eine Assoziation (d. h. zu jeder Vokabel ein Bild) vorstellen. Hierzu gibt es auch Assoziationslisten, in denen jede Vokabel als Bild beschrieben ist.

Die goldene Regel lautet: Je mehr Sie in Ihrer Entspannung tun, desto intensiver lernen Sie die Vokabeln; je mehr Sie sich einfach nur berieseln lassen, um so weniger intensiv werden Sie diese Vokabeln erlernen. Aber auch, wenn Sie sich lediglich berieseln lassen, werden Sie mit der Zeit immer mehr Vokabeln in Ihr Gedächtnis aufnehmen, ohne daß es Sie Mühe kostet.

B. Im bequemen Sitzen mit geöffneten Augen

1. Während Sie die Vokabeln hören, lesen Sie sie zugleich in dem zugehörigen Vokabelheft. Dadurch benutzen Sie die Eingangskanäle Auge und Ohr gleichzeitig. Mehr tun Sie aber nicht, Sie lassen sich letztlich nur berieseln.

2. Sie hören und lesen die Vokabeln, sprechen Sie aber innerlich in Gedanken mit oder formulieren sogar mit den Lippen.
3. Sie können darüber hinaus auch Assoziationen aufbauen, wie schon beim Lernen im Liegen mit geschlossenen Augen beschrieben. Wenn Sie den ersten Teil dieses Buches durchgeübt haben, dann fallen Ihnen solche Assoziationen leicht, ansonsten holen Sie sich solche Ideen aus den erwähnten Assoziationslisten.

Hier gilt natürlich ebenfalls: Je mehr Sie in Ihrer Entspannung tun, desto intensiver lernen Sie die Vokabeln. Das intensivere Lernen geht allerdings in beiden Fällen auf Kosten der Entspannung. D. h., die Entspannung wird etwas flacher, wenn Sie aktiver sind. Wenn Sie sich lediglich berieseln lassen, dann werden Sie zwar niemals soviel lernen, aber Sie werden sich intensiv entspannen und nach jeder Lernperiode sehr fit und erfrischt fühlen.

Wählen Sie die verschiedenen Möglichkeiten immer danach, wie Sie sich gerade fühlen, ob Sie müde oder frisch sind, ob Sie große Lust haben zu lernen oder nur sehr wenig Motivation, und natürlich auch danach, ob Ihnen im Moment die Möglichkeit zur Verfügung steht, sich hinzulegen, oder ob Sie lediglich bequem sitzen können.

Denken Sie daran, daß ein Offenhalten der Augen ebenfalls die Tiefe der Entspannung verringert. Deshalb sollten Sie immer zu Beginn der Vokabeln (also während das Metronom läuft und Sie die Entspannungsmusik hören) mit geschlossenen Augen in die Entspannung gehen. Öffnen Sie erst dann die Augen, wenn die ersten Vokabeln zu hören sind. Dadurch fällt es Ihnen leichter, in die entsprechende tiefe Entspannung zu gelangen.

Soviel zum Erlernen von Vokabeln in der Entspannung. Das Anwenden dieser Vokabeln in Sätzen, d. h. das Sprechenlernen, ist in Kapitel 23 beschrieben.

20. Die Akustik einer Entspannungskassette und der Sprachkassetten

Alle Kassetten für ein Superlearning-Sprachprogramm (das gilt auch für die Kassetten für Sprachprogramme »Lernen im Schlaf«) sind in der Regel Chromdioxyd-Kassetten, die eine möglichst gute akustische Qualität gewährleisten. Dennoch: Jeder Kassettenrecorder reagiert anders. Da es bei der Entspannungsmusik sowohl auf der Entspannungskassette als auch auf den Sprachkassetten sehr hohe Töne (z. B. das Meeresrauschen) und sehr tiefe Töne (z. B. dunkle Gitarrenanschläge) gibt, müssen Sie die Höhen und Tiefen so einstellen, wie es Ihrem persönlichen Geschmack und dem Lernzweck entspricht. Wenn Sie das Gerät zu hoch einstellen, dann können Sie ein Grundrauschen hören, stellen Sie es zu tief ein, dann können Sie die einzelnen Vokabeln nicht mehr so gut verstehen. Die optimale Einstellung ist so: Sie sollen sowohl die Hintergrundmusik ohne Anstrengung hören (aber nicht zu laut) als auch die Vokabeln ohne Anstrengung verstehen.

Auf manchen Entspannungs- bzw. Sprachkassetten sind spezielle Stereoeffekte eingearbeitet. Sollten Sie einen Stereokassettenrecorder besitzen, der lediglich einen einzigen eingebauten Lautsprecher hat, dann stellen Sie diesen Recorder bitte auf »Mono«, sonst fehlt Ihnen eine Stereospur, was zu einer verfälschten Wiedergabe führt.

Am Ende eines jeden Lern-Entspannungsparts müssen Sie leider wieder aus Alpha heraus. Bei den Kassetten unseres Instituts wird Ihnen dieses »Aufwachen« etwas erleichtert.

Die Hintergrundmusik zu den Vokabeln endet dabei mit einer längeren Sequenz des Vogelzwitscherns. Hier stellen Sie sich bitte vor, wie Sie auf einer Wiese liegen, wie dort die Sonne scheint, wie Sie voller Energie wieder erwachen. Anschließend hören Sie eine rhythmische Musik, bei der Sie Körperübungen machen, um den Kreislauf langsam wieder aufzubauen. Diese Übungen sind z. B. Öffnen und Schließen der Hände, im Liegen Fahrradfahren usw.

21. Der Atemrhythmus

Jede Vokabel ist in einem Dreierrhythmus von Originalsprechern aufgesprochen, d. h.

Französisch – Deutsch – Französisch oder
Spanisch – Deutsch – Spanisch oder
Englisch – Deutsch – Englisch oder
Italienisch – Deutsch – Italienisch etc.

Danach ist immer eine Pause von etwa 8 Sekunden, in der Sie die Vokabel wiederholen können, dann folgt die nächste Vokabel.

Zu Beginn eines Hunderterblocks hören Sie ein Metronom und eine Sprecherin bzw. einen Sprecher, der Sie anleitet, in einem bestimmten Rhythmus zu atmen. In genau diesem Atemrhythmus sind die folgenden Vokabeln vorgesprochen. Hier haben Sie die Möglichkeit, mit diesem Atemrhythmus die weiteren Vokabeln zu verfolgen, und zwar so, daß Sie in den 8 Sekunden Pause ausatmen und einatmen und dann, während Sie die Vokabel hören, für einige Sekunden (ca. 1–3 Sek.) die Luft anhalten. Wenn Sie die Luft anhalten, dann tritt eine sogenannte Deshabituationsreaktion auf. Das bedeutet: Wenn Ihre Aufmerksamkeit sehr stark gefesselt wird, dann halten Sie unwillkürlich den Atem an. (Das passiert in jedem Krimi, z. B. lesen Sie dort: »Plötzlich hörte er Schritte, und ihm stockte der Atem.«) Wenn Sie nun umgekehrt den Atem für 1–3 Sekunden anhalten, geht automatisch Ihre Aufmerksamkeitskurve für einige Sekunden nach oben (Feedback-System des menschlichen Organismus). Dies ist ein Hilfsmittel, um Ihre Aufmerksamkeit und damit Ihre Konzentration noch um ca. 2–5 % zu steigern (Untersuchung nach Prof. Schiffler, Berlin). Hinzu kommt, daß durch diesen Atemrhythmus Ihr Gehirn wesentlich besser durchblutet und damit ebenfalls noch aufnahmefähiger wird.

Aber: Diese Atemtechnik, vor allen Dingen das Luftanhalten, kann leider zu Lasten Ihrer Entspannung gehen. Es gibt viele Seminarteilnehmer, die das Atemanhalten und das strenge Festhalten an diesem Atemrhythmus als beschwerlich und unangenehm empfinden. Wenn es Ihnen genauso ergeht, dann verzichten Sie bitte auf diesen Atemrhythmus und atmen einfach unbewußt, ohne an Ihre Atmung zu denken. Das ist besser, als sich angestrengt auf die Atmung zu konzentrieren und die Vokabeln zu verpassen.

Stört Sie dieser Atemrhythmus nicht, dann haben Sie den Vorteil, wie beschrieben, daß die Aufnahmefähigkeit Ihres Gehirns noch um einige Prozent gesteigert wird.

Also: Wählen Sie, ob mit oder ohne Atemrhythmus. Wenn Sie sich entscheiden, einfach nur den Vokabeln zuzuhören und beliebig zu atmen, dann übergehen Sie die Ankündigung des Atemrhythmus mit Metronom zu Beginn der Vokabeln (einfach »weghören«).

22. Die visuelle Assoziationstechnik

Mit der visuellen Assoziationstechnik (beschriebene Bilder zu den Vokabeln nach der Beyer-Methode) erleichtern Sie sich das Lernen der Vokabeln um mindestens die Hälfte. Unsere Empfehlung ist, daß Sie zusätzlich zu Ihrem Sprachprogramm solche Assoziationslisten benutzen. Auf den 3 Seiten 178, 180, 182 finden Sie zu den Sprachen Englisch, Französisch und Spanisch jeweils Beispiele, wie solche visuellen Assoziationen aussehen können.

Probieren Sie es einmal aus! Die hier beschriebenen Bilder müssen Sie *tatsächlich vor Ihrem geistigen Auge sehen*, dann prägt sich die Vokabel in Ihr Langzeitgedächtnis ein. Wenn Sie sich das beschriebene Bild lediglich durchlesen, dann haben Sie nur eine Gedankenverbindung aufgebaut. Gedankenverbindungen verschwinden wesentlich schneller aus dem Gedächtnis als tatsächlich vor dem geistigen Auge vorgestellte Bilder (siehe auch Teil I. dieses Buches).

Dazu ein Beispiel: *el zapato* heißt auf spanisch der Schuh. Bitte stellen Sie sich einmal vor, wie Sie versuchen, Ihren Schuh anzuziehen. Er ist zu klein, und Sie schimpfen laut: »Sapperlot, den Schuh kann ich nicht anziehen.« Allerdings haben Sie vor lauter Wut einen Sprachfehler und sprechen »sapperlot« fast wie »zapato« aus.

Versuchen Sie, diese Situation möglichst durch Gestik und Emotionen zu verinnerlichen und gleichzeitig deutlich zu sehen. Dann werden Sie feststellen, daß sie sich noch nach langer Zeit wieder abrufen läßt und Sie sich damit auch gleichzeitig wieder an die Vokabel erinnern.

Beispiele für die Assoziationen auf den Seiten 178–183.

23. Karten-, Computer-, Theaterspiele und Lieder

Um die Worte der Fremdsprache in wichtigen Situationen auch sprechen zu können, gibt es Karten- und Computerspiele, mit denen Sie die erlernten Vokabeln in Sätzen und Redewendungen für Alltagssituationen einüben. Bei den Kartenspielen machen Sie mit dem Grundwortschatz eine Touristenreise durch das entsprechende Land (beim Aufbauwortschatz Englisch ist es eine Geschäftsreise). Bei diesen Reisen werden in einem Frage-und-Antwort-Spiel 120 wichtige Situationen durchgespielt. Die Spielsituationen sind ebenfalls auf Kassette gesprochen, und zwar sowohl in der typischen »Superlearning-Form« als auch in der Form für »Lernen im Schlaf«. Gehört wird eine solche Kassette jeweils vor einem Kartenspiel, danach oder auch unabhängig davon.

Im Spiel werden die gleichen 1 200 Vokabeln verwendet, die Sie auf den drei Kassetten und in dem dazugehörenden Vokabelheft finden. Das Spiel ist so aufgebaut, daß die ersten 40 Situationen in der Gegenwart ablaufen, die nächsten 40 Situationen in der Gegenwart und Vergangenheit und die letzten 40 Situationen in Gegenwart, Vergangenheit und Zukunft. Selbstverständlich wird die einfachste Form der Vergangenheit und die einfachste Form der Zukunft benutzt, mit denen Sie in jeder Situation zurechtkommen können. Darüber hinaus ist das Spiel so angelegt, daß Sie jeweils pro 100 erlernten Vokabeln bereits 10 dieser Situationen durchspielen können.

Um Ihnen das Beantworten der Fragen im Kartenspiel zu erleichtern, finden Sie auf jeder Fragekarte einige Vokabelvorschläge für die entsprechende Antwort. Außerdem können Sie jederzeit auf der Antwortkarte nachsehen, wie Sie diese Situation im fremden Land meistern können, d. h., auf dieser Karte steht die entsprechende Antwort in der fremden Sprache in einer oder mehreren Varianten.

Sowohl die Fragen als auch die Antworten zu den Situationen sind immer auf der Rückseite der Karten ins Deutsche übersetzt.

Die Computerspiele sind farbige Aktionsspiele mit Musik, bei denen der Spieler mit seinem Vokabelwissen oder auch mit seiner Fähigkeit, Sätze zu bilden, in einem Labyrinth gegen ein informationsfressendes Monster kämpft. Hier ist die Geschwindigkeit des Sätzebildens gefordert, was beim Sprechen einer Sprache sehr wichtig ist. Ist der Spieler in Not (was zu Beginn des Spieles häufiger vorkommt), so kann er das Monster mit einer mächtigen Kanone beschießen, um vorübergehend Luft zu gewinnen. Gute Leistungen werden am Ende einer Spielstufe mit einer Fanfare belohnt.

Wurde eine Spielstufe mit 100 % geschafft, so schaltet das Spiel als Sonderbonus in ein Superspiel um. Hier läuft dann unter schwierigen Bedingungen ein Countdown. Wird das Superspiel geschafft, so verdoppelt sich die Punktezahl. Solche Computerspiele eignen sich sowohl hervorragend als Wiederholungstraining für Vokabeln als auch für das Bilden von Sätzen.

Dieses letztere Training beginnt mit einfachen Konjugationen wie »Ich bin, du bist« und geht hin bis zu ganzen Sätzen und idiomatischen Redewendungen.

Die Theaterspiele sind ein Training, um immer freier und sicherer zu sprechen. Hier werden kürzere Theaterstücke zu zweit, zu dritt oder zu viert vorgeführt (selbstverständlich aus dem Gedächtnis!). Am dritten Tag eines Seminars (Dauer 4–5 Tage) beispielsweise werden diese Theaterspiele vom Dozenten fertig geschrieben vorgegeben, am vierten Tag schreiben die Seminarteilnehmer eigene Stücke, die selbstverständlich von dem »nativen Dozenten« vor der Aufführung korrigiert werden. (Ein Seminar wird immer von zwei Dozenten geleitet. Ein Dozent ist Experte für die Lernmethoden, der andere als Engländer/in usw. [»nativer Dozent«] ist Experte für die Sprache.)

Die Stimmung bei solchen Theaterstücken ist sehr gut, vor allem auch deshalb, weil sich die meisten Teilnehmer ganz spontan mit einfachen Hilfsmitteln »maskieren«. Die Lieder haben ebenfalls einen sehr hohen Stellenwert. Hier handelt es sich um bekannte Melodien wie z. B. das Lied »Die Welt ist schön, Mylord«. Diese Lieder sind aber umgetextet worden mit den jeweiligen Vokabeln, die gerade trainiert werden.

So gibt es z. B. Lieder für die Vokabeln 1–100, weitere Lieder für die Vokabeln 1–200 usw. Eventuelle Hemmungen beim Singen werden sehr schnell fallengelassen, zumal die Atmosphäre sehr locker ist und die Teilnehmer einen neuen Namen mit neuem Beruf in der jeweiligen Sprache an die Brust geheftet bekommen.

24. Checkliste und Assoziationslisten

Checkliste

In dieser Liste finden Sie noch einmal alle die Punkte, die Sie beim »Superlearning-Sprachenlernen« berücksichtigen müssen. So können Sie sicher sein, daß Ihnen beim »Superlearning« kein Fehler unterläuft. Zugleich haben Sie einen besseren Überblick über das Zusammenspiel der einzelnen Methoden.

1. Lernen in Entspannung
   Wenn Sie noch keine Entspannungsmethode beherrschen (z. B. autogenes Training oder elektronische Entspannung), dann trainieren Sie zuerst mit Seite 2 der beschriebenen Entspannungskassette »Strandszene« ca. 3–5 Tage lang jeweils 30 Minuten, indem Sie sie liegend mit geschlossenen Augen hören. Sobald Sie spüren, daß Sie gut in die Entspannung hineinkommen, trainieren Sie noch ca. 3 Tage mit Seite 1 (ohne Wortbegleitung). Nach diesem Entspannungstraining beginnen Sie mit dem eigentlichen »Superlearning«.
2. Sie können sowohl im bequemen Sitzen als auch im Liegen lernen. Allerdings: Je unbequemer Ihre Position, desto flacher ist die Entspannung.
3. Im Liegen (also in tieferer Entspannung) lernen Sie mit geschlossenen Augen und wiederholen die Vokabeln in

den jeweils darauffolgenden Pausen, oder aber Sie lassen sich nur berieseln.

4. Im bequemen Sitzen lernen Sie am besten mit geöffneten Augen und lesen sich gleichzeitig die entsprechenden Vokabeln in Ihrem Vokabelheft durch. Dadurch haben Sie die beiden »Eingangskanäle« Auge und Ohr eingesetzt.
5. Die Hintergrundmusik ist die gleiche wie auf der Entspannungskassette »Strandmusik«. Barockmusik ist ebenfalls tauglich.
6. Assoziationen
Ob Sie im Sitzen mit geöffneten Augen oder im Liegen mit geschlossenen Augen lernen, in beiden Fällen können Sie auch die Assoziationstechnik mit hinzunehmen. Stellen Sie sich dann zu jeder Vokabel ein entsprechendes Bild vor. Hierdurch verdoppelt sich Ihre Lerngeschwindigkeit. In den entsprechenden Assoziationslisten ist zu jeder Vokabel ein Bild beschrieben.
7. Atemrhythmus
Auf jeder Sprachkassette befinden sich 400 Vokabeln, pro Seite zwei Hunderterblöcke. Zu Beginn eines jeden Hunderterblocks stimmt Sie ein Metronom in den Atemrhythmus ein. Sollte Ihnen dieser Atemrhythmus behagen, dann führen Sie ihn während des Vokabellernens durch. Hierdurch wird Ihre Aufmerksamkeit erhöht. Stört Sie dieser Atemrhythmus, dann atmen Sie einfach unwillkürlich und unbewußt.
8. Sprachenspiele
Um die erlernten Vokabeln in Sätzen zu festigen, werden Sprachenspiele gespielt. Hierdurch lernen Sie das Sprechen und Verstehen in wichtigen Situationen und damit die Fähigkeit, aus erlernten Vokabeln ganze Sätze zu bilden. Parallel dazu hören Sie diese Situationen auf Kassette, wobei Sie bei »Superlearning« aktiv mitsprechen können und bei »Lernen im Schlaf« sich nur berieseln lassen. Im übrigen läßt sich das Kartenspiel auch als Lernkartei benutzen (siehe Kapitel 13 und 15).

9. Bei den Computer-Aktionsspielen trainieren Sie ebenfalls Vokabeln sowie das Bilden von Sätzen. Hier wird vor allem auf Geschwindigkeit trainiert.
10. Theaterstücke bauen Sprachhemmungen ab, allerdings nur, wenn Sie die Stücke überwiegend aus dem Gedächtnis spielen.
11. Durch umgetextete Lieder prägen sich mit gelernten Vokabeln bestimmte Sätze emotional ein.

Wenn Sie noch mehr wissen wollen, dann schlagen Sie bitte den Anhang dieses Buches auf.

Assoziationslisten

Vergleichen Sie bitte hierzu auch die Übungen 23–26 und die Ideenliste in Kapitel 11.

Englisch

craftsman	–	(gelernter) Handwerker ein *Handwerker* ist gewissermaßen ein »*Kraftmann*«, da er mit dem Körper arbeitet
artisan	–	Handwerker mancher *Handwerker* ist so künstlerisch wie ein *Artist*
journeyman	–	Geselle früher ging der *Geselle* auf Reisen, er war der *Mann*, der auf eine *Journey* ging
apprentice	–	Lehrling ein *Lehrling* kennt sich noch nicht gut aus mit feuergefährlichen Sachen, und schon passiert es: *ab brennt es*
apprenticeship	–	Lehre, Lehrzeit nehmen Sie das gleiche Bild wie *apprentice*

workshop – Werkstatt
stellen Sie sich vor, in einer *Werkstatt* wird ein *Workshop* abgehalten, z. B. eine gruppendynamische Sitzung

implement – Werkzeug
mit einem *Werkzeug* kann man »*simplement*« Arbeiten verrichten

mason – Maurer
ein *Maurer* mauert ein Haus (franz. *maison*), oder ein Bayer sagt: »*ma Sohn*« ist ein *Maurer*

joiner – Tischler
Sie kennen to *join* – hinzukommen, dabeisein; mit Ihren Freunden sind Sie dabei, wenn der *Tischler* arbeitet

upholsterer – Tapezierer
der *Tapezierer* »*polstert*« die Wände

glazier – Glaser
klingt ähnlich

plumber – Installateur, Klempner
leiten Sie ab von *plumbum* = Blei, hiermit arbeitet der *Klempner*
oder: der Klempner setzt gewissermaßen »*Plomben*«

smith – Schmied
ergibt sich von alleine
oder: Sie kennen jemanden mit dem Namen *Smith* bzw. *Schmitt*, und dieser ist *Schmied*

Französisch

sortir – hinausgehen, -fahren
ein Großhändler *sortiert* Ware, um sie dann *hinauszufahren*

la sortie – Ausgang
stellen Sie sich diesen Großhändler

vor, wie er die *sortierte* Ware den *Ausgang* hinausfährt, also immer nur eine bestimmte *Sorte* Ware zum *Ausgang* hinaus kann

la taille – Körpergröße
ein Schneider mißt Ihre *Taille* und schätzt dabei Ihre *Körpergröße*

tailler – zuschneiden
der Schneider *schneidet* etwas zu, nachdem er Ihre *Taille* gemessen hat

le système – System
diese Assoziation ergibt sich von alleine

le sujet – Untertan, Thema
stellen Sie sich vor, in einer Diktatur wird jeder *Untertan* wie ein x-beliebiges *Subjekt* behandelt

trainer – schleppen, ziehen
ein *Trainer* trainiert Sie; Sie müssen etwas *ziehen und schleppen*

le train – Zug
hier können Sie an das englische Wort *train* denken, und Sie fahren mit dem *Zug* zum *Training*

tourner – drehen, wenden
beim *Turnen* müssen Sie sich *drehen und wenden*
oder: auf *Tournee dreht* sich alles

la clé – Schlüssel
Sie haben Ihren *Schlüssel* im *Klee* verloren, Sie suchen ihn

la classe – Klasse
diese Assoziation ergibt sich von allein

la cité – Stadt, Innenstadt
Sie machen einen Besuch in der *City*

la facteur – Briefträger
der *Briefträger* ist ein sehr wichtiger *Faktor* für die Verbreitung von Nachrichten

la fleur – Blume, Blüte
stellen Sie sich eine wunderschöne *Flora* vor mit herrlichen *Blumen* und *Blüten*
oder: Sie verschicken *Blumen* durch *Fleur*(op)

Spanisch

el bruto – Rohling
Cäsar wurde von *Brutus* ermordet, der *dumm* und *gemein* war wie ein *Rohling*
ebenso steckt das Wort *brutal* drin

bruto, a – dumm, roh, gemein
hier das gleiche Bild wie el bruto

el cabo – Spitze, Zipfel, Kap
Sie kennen das *Kap* der Guten Hoffnung, das ist die *Spitze*, der unterste *Zipfel* des Kontinents
oder: der *Kapo* ist der Bautruppführer, also die »*Spitze*« einer Truppe

desnudo, a – nackt
ist bekannt durch die *Nudisten*

el diccionario – Wörterbuch, Lexikon
ist bekannt durch das engl. *dictionary* oder durch das deutsche *Diktionär*

la emisión – Ausgabe, Sendung
Sie kennen die Bezeichnung: die *Emission*, z. B. von Schadstoffen aus dem Auspuff
oder: Sie stellen sich lediglich eine *Mission* (z. B. eine kirchliche) vor, hier

		wird z. B. der kirchliche Glaube *ausgesendet*
la época	–	Zeitraum, Epoche ergibt sich von alleine
la memoria	–	Gedächtnis, Erinnerung Sie spielen *Memory*, um Ihr *Gedächtnis* und Ihre *Erinnerung* zu schulen oder: denken Sie an die Inschrift »in *memoriam*«, (zur *Erinnerung*)
la fortuna	–	Schicksal, Glück bekannt durch die *Glücks*göttin *Fortuna*
la flor	–	Blume, Blüte die *Flora* ist ja die *Blumen*- und *Blüten*welt oder: Sie nehmen das englische Wort *flower* oder: Sie leiten von *Flor*ist ab
la historia	–	Geschichte, Erzählung ist bekannt durch das englische Wort *history* oder: man erzählt sich *Histörchen*, also *Geschichtchen* oder: Sie können auch von *historisch* ableiten
lindo, a	–	hübsch, nett Sie kennen ein Mädchen namens *Linda*, die sehr *hübsch* und *nett* ist oder: in Ihrem Garten steht eine sehr *hübsche Linde*

IV. Lernen im Schlaf

25. Was ist Lernen im Schlaf?

Grundsätzlich sei erst einmal gesagt: Im Schlaf kann man tatsächlich lernen. Nicht nur bestimmte »auserwählte« Personen, sondern die meisten Menschen können im Schlaf lernen. Dieses »Lernen im Schlaf« findet immer in der Traumphase statt, die jeder Mensch nachts alle 90 Minuten periodisch durchläuft. Allerdings muß man selbstverständlich hier wie auch bei jeder Lernmethode bestimmte Einschränkungen machen. Weder darf man zu viel vom »Lernen im Schlaf« erwarten, noch sollte man »Lernen im Schlaf« unterschätzen.

»Lernen im Schlaf« unterstützt das Lernen tagsüber, und zwar reduziert es das Lernen auf ca. ein Drittel der normalen Lernzeit; oder anders ausgedrückt: Ihre Lerngeschwindigkeit tagsüber verdreifacht sich.

In den 60er Jahren war »Lernen im Schlaf« eine sehr spektakuläre Lernmethode, die in den USA entwickelt worden war. Damals waren viele Zeitungsartikel voll des Lobes, und sie berichteten z. B. über Schauspieler, die innerhalb weniger Tage buchdicke Rollentexte auswendig lernten, quasi über Nacht; oder über CIA-Agenten, die in ein bis zwei Wochen lediglich durch »Lernen im Schlaf« fließend Chinesisch sprechen lernten.

Wie kam eigentlich diese nach dem heutigen Stand der Kenntnisse weit überzogene Vorstellung über »Lernen im Schlaf« zustande? Nun, wissenschaftliche Untersuchungen in der Diplomarbeit einer amerikanischen Psychologin schienen damals zu beweisen, daß am »Lernen im Schlaf« etwas dran war, ja mehr noch, daß sogar die kühnsten Erwartungen mit dieser Methode übertroffen werden konnten. Die Untersuchungen in dieser Diplomarbeit, die später allerdings nicht von der Wissenschaft anerkannt wurden, lösten – wie das so oft passiert – bei Herstellerfirmen in den USA einen Boom aus. Diese produzierten nämlich daraufhin Schaltuhren und Endlosbänder und zum Teil auch spezielle Kassettenrecorder für ein solches Programm »Lernen im Schlaf«.

Gegen Ende der 60er Jahre war dann die Euphorie vorüber. Es kam eine Gegenbewegung auf. Hier wurde wiederum in sogenannten wissenschaftlichen Untersuchungen (z. T. in der Schweiz) dargestellt, daß »Lernen im Schlaf« völlig untauglich sei, Wissensstoff zu verarbeiten, geschweige denn, länger im Gedächtnis aufzubewahren. Daraufhin wurde es still um diese Methode.

Erst in den letzten Jahren wurde »Lernen im Schlaf« wieder populär, und inzwischen gibt es wieder viele Schüler und Berufstätige, die sich hiermit das Lernen erleichtern.

Was ist aber nun tatsächlich an »Lernen im Schlaf« dran? Was kann man damit lernen, wie funktioniert es, worauf muß man achten? Das möchte ich in diesem Kapitel einmal gründlich und sorgfältig klären, so daß Sie in der Lage sind, »Lernen im Schlaf« in der optimalen Form nachzuvollziehen, und Sie weder mit zu hohen noch mit zu geringen Erwartungen beginnen. Vorweg aber erst einmal der theoretische Hintergrund zu »Lernen im Schlaf«. (Wenn Sie nur die Praxis interessiert, dann können Sie Kapitel 26 überspringen.)

26. Die Traumphase und ihre Lernmöglichkeit

Bitte schauen Sie sich einmal das folgende Modell des menschlichen Gehirns an.

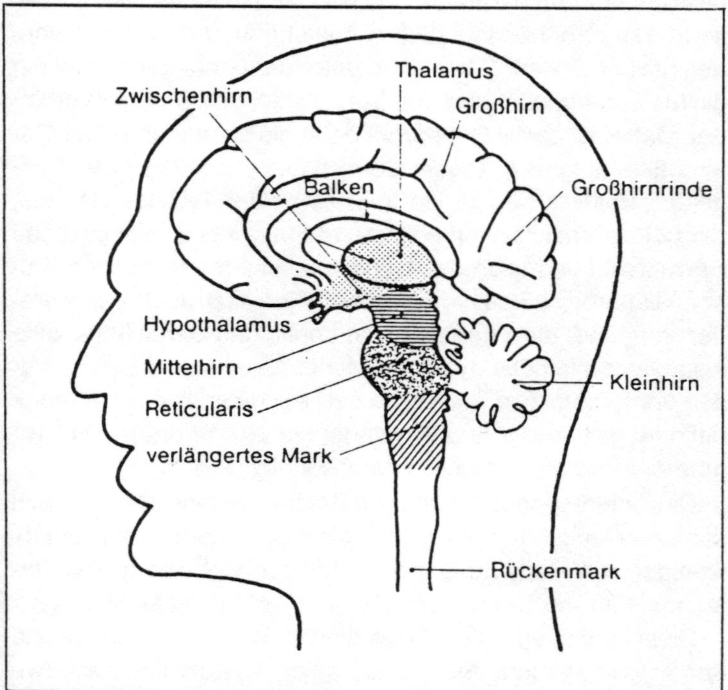

Das menschliche Gehirn, vereinfacht dargestellt

Es handelt sich hier um einen sogenannten Längsschnitt, in der physiologischen Psychologie Sagittalschnitt genannt. Hier ist das Gehirn längs vom Scheitel in Richtung Hals durchgeschnitten.

Man sieht bereits bei dieser einfachen Zeichnung, daß das Gehirn aus einer Vielzahl von verschiedenen Funktionsbereichen besteht. Noch etwa bis zu Beginn des zwanzigsten Jahrhunderts hatte man angenommen, daß das Gehirn lediglich aus einer anonymen, großen Anzahl von Gehirnzellen besteht, die sich quasi wie Wassertropfen in einem Eimer befinden. Tatsächlich aber lassen sich verschiedene Bereiche im Gehirn in ihrer Funktion genau beschreiben.

Direkt unter der Schädeldecke befindet sich das Großhirn, das aus der Großhirnrinde und dem sogenannten Balken besteht. Die Großhirnrinde selbst besteht nur aus Gehirnzellen, den grauen Zellen. Der Balken unter der Großhirnrinde ist ein dickes Faserbündel, das die Gehirnzellen miteinander verbindet. Dabei ist diese Großhirnrinde in die linke und rechte Gehirnhälfte aufgeteilt. Dieser Bereich des Großhirns besitzt ungefähr 15 Milliarden Zellen; und es ist der Teil des Gehirns, der beim Menschen am höchsten entwickelt ist. Hier sitzt das Bewußtsein und auch das Unbewußtsein des Menschen (früher »Unterbewußtsein« genannt). Hier sitzt auch der Wille, der Verstand, die Phantasie, die Logik, das Gedächtnis; also insgesamt alles das, was den Menschen als denkendes Wesen von einem Tier unterscheidet. Auch ein Teil der Motorik befindet sich in der Großhirnrinde, sie wird aber für das Programm »Lernen im Schlaf« nicht wichtig sein.

Die tieferliegenden Teile im Gehirn möchte ich nur noch sehr kurz aufzählen, weil auch sie beim »Lernen im Schlaf« weniger von Bedeutung sind, aber dennoch ein gutes Verständnis für die Gesamtfunktion des Gehirns liefern.

Diese tieferliegenden Teile sind z. B. der Thalamus und der Hypothalamus. Sie bilden beide zusammen das Zwischenhirn. Hier im Hypothalamus werden speziell vegetative Prozesse, wie Hunger, Schwitzen, Frieren, Durst, Fluchtverhalten, Körpertemperatur, Aggression, Stoffwechsel und vieles andere mehr, gesteuert. Der Thalamus selbst unterstützt das Großhirn in bestimmten Prozessen. Er faßt z. B. Einzelbilder der Großhirnrinde zu bewußten Gesamtbildern zusammen. Damit greift das Zwischenhirn etwas in den Ablauf des Bewußtseins und Unbewußtseins ein und auch in das Traumgeschehen, bei dem ebenfalls Gesamtbilder ablaufen.

Noch etwas tiefer liegt der Hirnstamm, der aus Mittelhirn, Reticularis, verlängertem Mark (Medula Oblongata) und Rükkenmark (dem oberen Teil der Wirbelsäule) besteht. Es genügt, wenn Sie wissen, daß alle Informationen, die vom Körper zum Gehirn und vom Gehirn zurück zum Körper geschickt werden, durch diesen Hirnstamm hindurchmüssen und hier in besonderer Weise verändert werden. So wird z. B. während einer jeden Traumphase die Verbindung zwischen dem Gehirn und den wichtigsten Bewegungsmuskeln unterbrochen, damit der Mensch nicht das körperlich ausführt, was er gerade träumt. Oft genug träumt man nachts, daß man fliegen könnte (das ist nichts anderes als ein Loslösen vom Leistungsdruck bzw. vom sozialen Druck). Würde nun die Verbindung zu Ihren Muskeln während der Traumphase bestehen, dann würden Sie aller Wahrscheinlichkeit nach zum Fenster hinausspringen, um, wie im Traum simuliert, zu fliegen. Damit hat diese Unterbrechung zu Ihren Muskeln eine wichtige Schutzfunktion, während Sie träumen (genau gesagt, findet diese Unterbrechung im retikulären System statt).

Ein weiterer wichtiger Schutz für den Organismus sind das verlängerte Mark und das Rückenmark. Hier sind die meisten Reflexe des Menschen untergebracht, die ebenfalls für ihn lebenswichtig sind.

Soweit also eine sehr vereinfachte Schilderung des menschlichen Gehirns. Nun zu der Traumphase speziell und ihrer Wirkungsweise.

Sie hatten eingangs schon gelesen, daß jeder Mensch alle 90 Minuten periodisch eine Traumphase durchläuft. Diese Kenntnisse sind bereits seit einigen Jahrzehnten gesichert.

Traumforschungen dieser Art konnte man aufgrund der Elektroenzephalographie durchführen. Das EEG wird Ihnen wahrscheinlich bekannt sein. Ich möchte es dennoch an dieser Stelle grob beschreiben.

Ein EEG (Elektroenzephalograph) ist nichts anderes als ein sensibler Verstärker, der über Elektroden (die z. B. an der Kopfoberfläche bzw. an der Schläfe befestigt sind) elektrische Impulse aus dem menschlichen Gehirn aufnimmt, diese verstärkt und anschließend z. B. auf einem Bildschirm sichtbar macht oder aber auf Papierstreifen niederschreibt.

Daß ein EEG so etwas kann, dafür ist die elektrochemische Tätigkeit des menschlichen Gehirns verantwortlich. Die vielen Milliarden Gehirnzellen im menschlichen Gehirn arbeiten sowohl elektrisch als auch chemisch; und ebendiese elektrische Tätigkeit läßt sich mit sensiblen Verstärkern abgreifen und niederschreiben.

Das EEG wurde in den 20er Jahren von Hans Berger entwickelt. Damals war dieses Gerät noch nicht so empfindlich wie die heutigen Meßgeräte, und deshalb konnte er damals nur zwei verschiedene elektrische Grundtätigkeiten des Gehirns unterscheiden. Die eine elektrische Tätigkeit nannte er Beta und die zweite Alpha. Hans Berger stellte fest, daß das menschliche Gehirn immer dann, wenn die Versuchsperson mit geöffneten Augen sehr konzentriert arbeitete und sich dessen bewußt war, daß sie existierte, eine elektrische Aktivität in einer Frequenz von 15–35 Hertz produzierte.

Schloß dagegen die Versuchsperson ihre Augen und begann sich zu entspannen, oder aber döste sie mit geöffneten Augen zum Fenster hinaus, dann produzierte das Gehirn eine Frequenz von etwa 8–12 Hertz. Berger schloß daraus, daß der Betazustand ein Zustand der hohen Konzentration sein muß und der Alphazustand ein Zustand der Entspannung, also ein streßfreier Zustand. Damit hatte Berger zwei verschiedene Phasen des Wachseins festgestellt, einmal das Hellwachsein, also Beta, und zum zweiten die Stufe des abgeschwächten, gedämpften Wachseins, also Alpha.

Später wurde das EEG verbessert, und man stellte fest, daß das Gehirn noch andere elektrische Aktivitäten produzierte, und zwar dann, wenn der Mensch schlief.

Original-EEG-Rhythmen

	Bewußtseins-/ Unbewußtseinszustand	EEG	
Wachzustand	β (Beta)	 50μV	15–35 Hz
	α (Alpha)	 50μV	8–12 Hz
Schlaf-	**REM**	 50μV	ca. 15–35 Hz
	◎ (Theta)	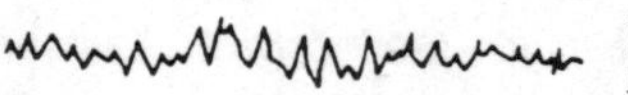 50μV	4– 7 Hz
	δ (Delta)	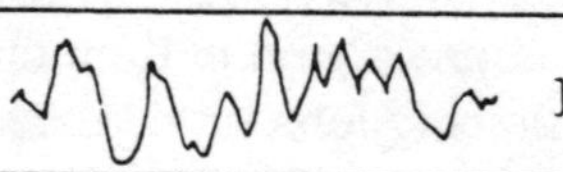 50μV	0– 3 Hz

Während der Schlafphasen, so stellte man mit Hilfe des EEG fest, gibt es einmal die Phase des Traumes, dann die sogenannte Thetaphase und als drittes die Deltaphase. In unserem Schaubild sind diese verschiedenen Stufen von Beta bis Delta festgehalten.

Darüber hinaus stellten die Wissenschaftler in den letzten Jahrzehnten mit Verblüffung fest, daß das menschliche Gehirn immer dann, wenn es sich in einer Traumphase befindet, eine fast identische Frequenz produziert wie im Betazustand. Deshalb sprach man von nun an auch von einem »paradoxen« Schlaf, denn in der Traumphase (Abkürzung REM = rapid eye movement) ist das Gehirn hellwach, es produziert hier ähnliche geistige Leistungen wie im Betazustand. Die Bezeichnung »rapid eye movement« kommt daher, daß sich in dieser Traumphase die Augen sehr schnell hin und her bewegen. Das ist verständlich, wenn man bedenkt, daß die REM-Phase eine Traumphase ist und der Mensch nachts im Traum den Dingen nachschaut, die er träumt.

Damit ist festgestellt, daß die Betaphase, die Alphaphase und die REM-Phase geistige Phasen sind, in denen das menschliche Gehirn geistig aktiv ist. Die Theta- und Deltaphasen wurden später als sogenannte körperliche Phasen interpretiert. Hier werden vor allen Dingen die Organe überwacht, es werden z. B. vermehrt Wachstumshormone ausgeschüttet und Abläufe gesteuert, die überwiegend den Körper betreffen.

Da also die Beta-, Alpha- und REM-Phasen geistige Phasen sind, kann man davon ausgehen, daß man sowohl in der Beta- und Alphaphase als auch in der REM-Phase lernen kann. Und das ist tatsächlich so!

Das Lernen in der Betaphase ist ja jedem Menschen bekannt. Es ist das normale Lernen, das wir als Pauken kennen. Ein solches intensives, streßvolles, unangenehmes Lernen findet überwiegend in Beta statt.

Das Lernen in Alpha ist in letzter Zeit bekanntgeworden, es ist das sogenannte »Superlearning«, das vor 15 Jahren noch unter dem Begriff »Subliminal-Teaching« bekannt war, was soviel heißen soll wie »unterschwelliges Lehren«. Durch »Superlearning« wird versucht, möglichst streßfrei in Entspannung zu lernen, so wie z. B. ein kleines Kind lernt, das spielt und dabei eine hohe Motivation hat. Hinzu kommen Spiele und Lieder (siehe Teil III. Superlearning).

Das Lernen in der REM-Phase ist nun dasjenige, das uns in diesem Kapitel beschäftigt. Dazu muß man erst einmal wissen, wofür solche Traumphasen gut sind.

In den Traumphasen laufen, wie schon gesagt, geistige, hochaktive, intensive Gehirntätigkeiten ab, bei denen Informationen vom Vortage verarbeitet werden. Alle die Geschehnisse, auf die der Mensch mit seinem Gehirn reagiert hat, die also über seine Sinne in das Gehirn gelangt sind, müssen noch weiter verarbeitet werden. Gewissermaßen muß das

Gehirn nachts »generalüberholt« werden, um am nächsten Morgen wieder frisch und ausgeruht auf neue Signale der Umwelt reagieren zu können. Und dieses Verarbeiten von Informationen ist unser Träumen. Da es hier nur darum geht, Informationen zu verarbeiten und in die richtigen »Schubladen« abzulegen, ist es verständlich, daß uns mancher Traum als sehr unlogisch erscheint. Denn hier geht es ja weniger um die Logik als um das Verarbeiten und Ablegen von Informationen nach bestimmten Kriterien.

Nun ist es allerdings für das menschliche Gehirn gleichgültig, ob die Informationen, die es verarbeitet, vom Vortage noch im Gedächtnis stecken oder ob es Informationen sind, die gerade im Moment während des Träumens von einem Kassettenrecorder kommen, der – über eine Schaltuhr gesteuert – während dieser Traumphasen z. B. Vokabeln zum Zwecke des Lernens von einer Endloskassette abspielt.

Oft werde ich gefragt, ob »Lernen im Schlaf« nicht die nächtliche Ruhe stört und der Lernende von Woche zu Woche nervöser wird. Das ist keineswegs der Fall. Denn es handelt sich um ein leises, gedämpftes Dauergeräusch (störend sind ja nur die lauten, spontanen Geräusche; das ständige »dadamm...dadamm...« eines Zuges ist ja das beste Einschlafmittel).

27. Was kann man nachts lernen?

Grundsätzlich sei gesagt, daß Sie nachts jeden beliebigen Wissensstoff lernen können, so z. B. Gedichte, Vokabeln, Vorträge, Inhalte von Büchern oder Fachzeitschriften, Vorlesungen von der Universität, Daten, Fakten und Formeln – grundsätzlich also jede Art von Wissensstoff. Allerdings kommt es natürlich darauf an, nachts im Schlaf die richtigen Traumphasen zu erwischen. Bitte schauen Sie sich zur Verdeutlichung noch einmal die folgende Grafik »Der Traumrhythmus« an.

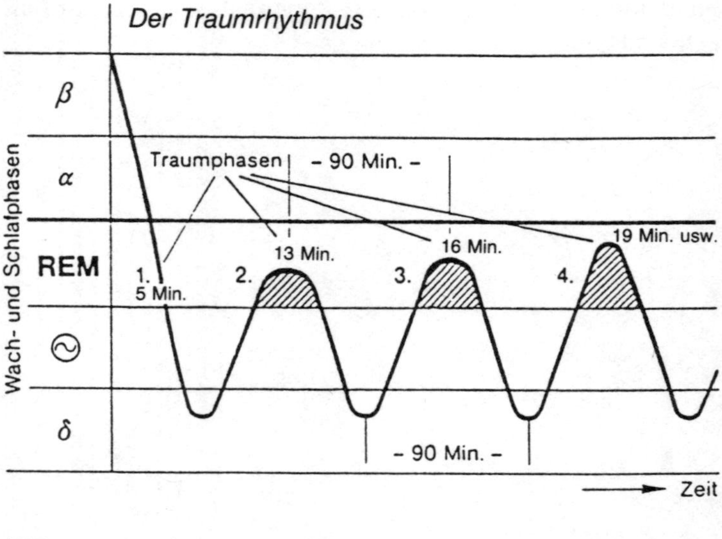

Sie sehen, daß der schlafende Mensch (der sich während der Einschlafphase von Beta durch Alpha in Richtung REM bewegt) in wiederkehrenden Rhythmen durch die drei Schlafphasen REM, Theta und Delta hin- und herpendelt. Eine solche Schlafphase von Maximum bis Maximum dauert immer ziemlich genau 90 Minuten. Jeder Hügel, der in den REM-Bereich hineinstößt (hier schwarz schraffiert), entspricht einer Traumphase.

Darüber hinaus befinden Sie sich während des Einschlafens noch in einer Kurztraumphase von ca. 4–5 Minuten, die in der Grafik als erste Traumphase bezeichnet ist. Alle weiteren Traumphasen (in unserer Grafik die zweite, dritte und vierte Phase usw.) sind länger. So können Sie davon ausgehen, daß die zweite Traumphase etwa 13 Minuten dauert, die dritte 16, die vierte 19, die fünfte 22 Minuten usw. Grob kann man sagen, daß sich jede weitere Traumphase um etwa 3 Minuten verlängert. Das hängt damit zusammen, daß jede weitere Schlafperiode etwas höher an die Alphazone heranrückt, weil mit jeder weiteren Periode das Schlafbedürfnis stärker befriedigt ist.

Nehmen wir einmal an, sie würden 7 1/2 Stunden schlafen. Dann hätten Sie, abgesehen von der ersten Kurztraumphase, noch 5 längere Traumphasen; denn 5 mal 90 Minuten ergeben 7 1/2 Stunden. Wir haben gesagt: Alle 90 Minuten befinden Sie sich wieder in einer Traumphase. Nun ist »Lernen im Schlaf« nur effektiv während der Traumphasen. In den Phasen Theta und Delta ist ein Lernen bislang noch nicht nachgewiesen worden. Wenn Sie also die Traumphasen erfassen wollen, dann brauchen Sie entsprechende Geräte. Diese Geräte sind: 1 Schaltuhr, Endloskassetten und ein einfacher Kassettenrecorder. Mit dieser »Ausrüstung« sind Sie in der Lage, die richtigen Traumphasen zum Lernen zu erwischen.

28. Das richtige Material für Lernen im Schlaf

Zur Grundausrüstung für »Lernen im Schlaf« gehört also eine Schaltuhr, die den Kassettenrecorder in der Nacht zur gewünschten Zeit ein- bzw. ausschaltet. Die Informationen, die Sie lernen wollen (Ihre Vokabeln oder auch anderes Wissen), werden auf eine Endloskassette überspielt. Der Kassettenrecorder selbst muß kein besonders teures Gerät sein, es genügt bereits eines für DM 100,– bis DM 150,–. Allerdings: Wer nachts sehr geräuschempfindlich ist, der sollte auf einen Kassettenrecorder achten, dessen Laufgeräusche speziell gedämpft sind. Mehr davon in Abschnitt A. Der Kassettenrecorder.

Darüber hinaus benötigen Sie noch für Ihr Sprachtraining eine 90-Minuten-Kassette mit den entsprechenden 1 200 Vokabeln bzw. Sätzen (z. B. Englisch-Aufbauwortschatz oder Französisch-, Italienisch- bzw. Spanisch-Grundwortschatz). Von dieser 90er-Kassette überspielen Sie, wie weiter unten im Detail beschrieben, Ihre Vokabeln auf die Endloskassette.

Wenn nur Sie allein – und nicht auch Ihr Partner – »Lernen im Schlaf« durchführen wollen, dann brauchen Sie noch einen Kopfkissenlautsprecher, um gewissermaßen »lautlos« zu lernen.

Weiterhin ist wie bei Superlearning die Assoziationsliste eine gute Ergänzung zu »Lernen im Schlaf«. Sie verkürzt das Lernen zusätzlich auf die Hälfte der Zeit. Das gilt auch für das dazu empfohlene Sprachenspiel, mit dem Sie die erlernten Vokabeln in Anwendungsbeispielen (Sätzen und Redewendungen) spielerisch üben. Solche Redewendungen gibt es ebenfalls auf Kassetten, speziell wieder für Ihr »Lernen im Schlaf«.

Zum besseren Überblick hier noch einmal das benötigte Material in Stichworten:

- 1 Kassettenrecorder
- 1 Schaltuhr
- 1 oder mehrere Endloskassetten
- 1 Sprachkassette (90 Min. mit 1 200 Vokabeln)
- evtl. 1 Kopfkissenlautsprecher
- 1 Assoziationsliste
- weitere Sprachspiele (z. B. Karten- + Computerspiele) wie bei Superlearning

Nun die einzelnen Materialien im Detail:

A. Der Kassettenrecorder

Grundsätzlich läßt sich für »Lernen im Schlaf« jeder Kassettenrecorder verwenden. Es braucht also kein Automatic-Reverse-Recorder zu sein, der am Ende des Bandes automatisch umschaltet und das Band rückwärts laufen läßt. Sie verwenden eine Endloskassette, bei der es kein Bandende gibt.

Die Preisspanne für solche Kåssettenrecorder liegt in der Regel zwischen DM 100,– und DM 300,–. Die billigeren Kassettenrecorder sind meistens Monorecorder, die teureren sind Stereorecorder. Ob aber Mono oder Stereo, das spielt für »Lernen im Schlaf« keine Rolle. Die meisten Recorder haben ohnehin nur *einen* eingebauten Lautsprecher.

Allerdings gibt es zwischen den billigen und teuren Recordern einen Unterschied, der unter Umständen für Sie von Bedeutung sein kann. Wie Sie bei der Beschreibung der Endloskassetten noch lesen werden, wird das Band einer solchen Kassette nicht von den sonst üblichen zwei Spulen gehalten, sondern schleift vielmehr innerhalb der Kassette. Dieses Schleifgeräusch und auch weitere Schleifgeräusche des Kassettenrecorders selber (»Lernen im Schlaf« ist ja ein Dauerbetrieb) können manche Menschen nachts stören. Wenn Sie also wissen, daß Sie nachts sehr geräuschempfindlich sind. daß Sie gewissermaßen die »kleinste Fliege« schon aufweckt, dann sollten Sie sich einen etwas teureren Recorder besorgen. Sein Kassettenschacht ist speziell gedämpft, d. h., die Laufgeräusche sind stark reduziert. Aber auch mit billigeren Recordern können Sie eine Störabhilfe schaffen, indem dieser Recorder z. B. in der entgegengesetzten Ecke Ihres Zimmers plaziert und die Lautstärke etwas höher gedreht wird.

B. Die Schaltuhr

Es wäre ausgesprochen störend, wenn Sie den Kassettenrecorder starten und versuchen einzuschlafen, während die Vokabeln vom Band laufen. Ihr Schlaf würde hier außergewöhnlich stark gestört. Deshalb ist es erforderlich, daß eine Schaltuhr Ihren Kassettenrecorder steuert. Diese schaltet den Recorder 2 Stunden nach Ihrem Einschlafen ein.

Sie können zwar jede beliebige Schaltuhr verwenden, sollten aber darauf achten, daß sie einen Kontrollschalter hat. Durch das Betätigen dieses Kontrollschalters können Sie das nächtliche Einschalten des Recorders simulieren, um sicherzugehen, daß Sie alles richtig eingestellt haben (daß z. B. das Band läuft oder daß die Lautstärke nicht zu laut und nicht zu leise eingestellt ist). Schaltuhren mit einem Kontrollschalter sind etwas teurer als einfache Schaltuhren. Darüber hinaus muß eine solche Schaltuhr in der Lage sein, alle 10–15 Minuten einen Schaltvorgang durchzuführen.

C. Die Endloskassetten

Es gibt Endloskassetten mit verschiedener Laufzeit, z. B. 3, 4, 6 oder auch 12 Minuten. Optimal für Lernen im Schlaf ist eine Laufzeit von 6 Minuten. Auf ein solches Band können Sie 100 Vokabeln mit Übersetzung speichern. Das ist nicht zuviel und auch nicht zuwenig und macht »Lernen im Schlaf« optimal (siehe Abschnitt: So lernen Sie nachts).

Würden Sie eine 4-Minuten-Endloskassette benutzen (Platz für ca. 65 Vokabeln), dann müßten Sie das Band alle zwei Nächte neu bespielen, weil bei dieser Bandlänge in zwei Nächten die erforderliche Anzahl der Wiederholungen erreicht wird. Bei 6-Minuten-Endloskassetten (100 Vokabeln) erreichen Sie die notwendige Anzahl der Wiederholungen in 3 Nächten und sparen dadurch Zeit, weil Sie neue Vokabeln weniger oft überspielen müssen.

Wenn Sie die Endloskassette in den Kassettenrecorder einlegen und auf »Play« bzw. »Start« drücken, dann werden Sie nur mit Mühe feststellen können, ob sie sich dreht oder nicht. Wie schon erwähnt, läuft innerhalb dieser Kassette das Band nicht über Spulen, sondern schleift nur am Kassettenboden entlang. Würden Sie das Kassettengehäuse auseinanderschrauben, dann würde das Band sofort zusammenfallen, denn es ist letzten Endes nur eine kompliziert aufgewickelte Anzahl von Windungen. Es kommt hinzu, daß Sie diese Kassette auch nicht umdrehen können (von Seite 1 auf Seite 2), sondern nur die markierte Seite als obere Seite benutzen können. Ebenfalls läßt sich eine solche Endloskassette weder schnell vorwärts- noch rückwärtsspulen. Wenn Sie wieder an die gleiche Stelle möchten, die Sie gerade hatten, dann müssen Sie bei der Stellung »Play« 6 Minuten lang warten (Sie schauen dabei auf Ihre Uhr), bis diese Stelle wiederkommt. Sie erkennen bei einer Endloskassette auch kein Ende und keinen Anfang, denn diese Stelle ist so geklebt, daß man sie nicht erkennen kann.

Ob Sie bei Ihrem Lernpensum mit nur einer Endloskassette arbeiten wollen oder z. B. mit vier oder sechs Endloskassetten, hängt davon ab, wie bequem Sie es haben wollen. Bei nur einer Endloskassette haben Sie wesentlich mehr Arbeit als z. B. bei vier. Das wird nun unter dem Abschnitt Sprachkassetten beschrieben.

D. Sprachkassetten

(Dauer 90 Minuten, Inhalt 1 200 Vokabeln, in Hunderterblökke unterteilt)

Damit Sie nicht gezwungen sind, für einen Vokabelschatz von 1 200 Vokabeln 12 bespielte Endloskassetten mit je 100 Vokabeln zu kaufen, gibt es folgende Lösung:

Diese 1 200 Vokabeln (Sprache nach Ihrer Wahl) sind auf einer normalen 90-Minuten-Kassette gespeichert. Hierbei wurden immer 100 Vokabeln mit der Übersetzung zusammengefaßt, danach folgt 1 Minute Pause, dann die nächsten 100 Vokabeln usw. Die Vokabeln sind sowohl nach Sprachhäufigkeit als auch nach Lernbarkeit ausgesucht. Die leichte Erlernbarkeit und Assoziierbarkeit stellen Sie sehr schnell fest, wenn Sie einmal die deutschen Bedeutungen zudecken. In etwa 80 % der Fälle können Sie bereits richtig »erraten«, was das französische bzw. spanische Wort auf deutsch bedeutet. Durch diese gezielte Auswahl der Vokabeln fällt das Lernen wesentlich leichter, und Sie haben darüber hinaus den Vorteil, daß Sie mit diesen 1 200 Vokabeln bereits 75 % Sprachverständnis erreichen, auch wenn Sie vorher kein Wort Spanisch oder Französisch gesprochen haben.

Es befinden sich also auf der Seite 1 einer Kassette 600 Vokabeln zu je 6 Hunderterblöcken und auf der Rückseite ebenfalls 600 Vokabeln zu je 6 Hunderterblöcken. Jeder dieser Hunderterblöcke ist zeitlich so ausgerichtet, daß er zwischen 5 Minuten 30 Sekunden und 5 Minuten 50 Sekunden lang ist. Das heißt, diese 100 Vokabeln passen genau auf eine Endloskassette, und Sie haben mindestens noch etwa

10 Sekunden Zeit, Ihr Endlosband nach der Aufnahme zu stoppen.

Von dieser vorgefertigten 90-Minuten-Sprachkassette müssen Sie jeweils die 100 gewünschten Vokabeln, die Sie nachts lernen wollen, auf Ihre Endloskassette überspielen. Das ist sicher kein Problem, da Sie ja für »Lernen im Schlaf« sowieso einen normalen Kassettenrecorder brauchen und in der Regel darüber hinaus noch eine handelsübliche Stereoanlage besitzen. Sie würden in diesem Fall die 90er-Kassette in Ihre Stereoanlage einlegen und von dort auf die Endloskassette im zweiten Kassettenrecorder überspielen.

Wenn Sie »Lernen im Schlaf« nur mit einer Endloskassette durchführen, dann müssen Sie nach jeweils 3 Nächten Ihre Kassette neu bespielen. Wenn Sie z. B. 4 Endloskassetten besitzen, dann würden Sie mit einem Mal 400 Vokabeln auf diese Kassetten übertragen und müssen dann erst nach vier mal drei Nächten, also nach zwölf Nächten, erneut überspielen. Auf diese Weise erledigen Sie das Überspielen »in einem Aufwasch!«.

Selbstverständlich können Sie auch Ihre persönliche Liste von Vokabeln selbst auf eine Endloskassette sprechen. Sollte Ihre Aussprache zu schlecht sein, dann lassen Sie einen sprachkundigen Bekannten sprechen, damit Sie vom Band immer die korrekte Aussprache hören.

E. Kopfkissenlautsprecher

Ein Kopfkissenlautsprecher ist gewissermaßen ein extrem verkleinerter, flacher Lautsprecher, ähnlich der Muschel eines Kopfhörers. Dieser läßt sich genauso wie ein Zweitlautsprecher mit Ihrem Kassettenrecorder verbinden. In dem Moment, wo Sie den Stecker des Kopfkisssenlautsprechers in die Buchse des Kassettenrecorders einstecken, verstummt der Lautsprecher des Kassettenrecorders. Dieser Kopfkissenlautsprecher wird unter Ihr Kopfkissen gelegt. Nur derjenige, der auf diesem Kopfkissen liegt, hört die Vokabeln. Das

Ganze erübrigt sich selbstverständlich, wenn beide Partner nachts die gleiche Sprache lernen möchten.

F. Die Assoziationsliste

Die ergänzende Assoziationstechnik ist bereits in Teil III. Superlearning, Kap. 22, beschrieben, ebenso ergänzende Sprach- und Computerspiele.

29. So stellen Sie Ihre Geräte ein

An dieser Stelle möchte ich nun damit beginnen, an konkreten Beispielen zu erklären, wie Sie Ihre Geräte einstellen müssen, um »Lernen im Schlaf« erfolgreich durchzuführen. In Kapitel 30 werden Sie dann an ganz konkreten Beispielen nachvollziehen, wie Sie nachts im Schlaf lernen.

Nehmen wir einmal an, Sie gehen um 24.00 Uhr schlafen. Dann stellen Sie die Schaltuhr so ein, daß der Recorder zwei Stunden später, also um 2 Uhr nachts, einschaltet.

Wenn Sie sich nun noch einmal die Grafik »Der Traumrhythmus« ansehen und nachrechnen, dann werden Sie folgendes feststellen: Vom Beginn des Einschlafens bis zum Höhepunkt des zweiten Traumes vergehen, wie schon beschrieben, 90 Minunten. Von diesem Höhepunkt des Traumes bis wiederum zum nächsten Höhepunkt des Traumes vergehen weitere 90 Minuten, also insgesamt 3 Stunden. Wenn Sie nun von diesem Höhepunkt des dritten Traumhügels eine Stunde zurückrechnen, dann werden Sie sich irgendwo zwischen dem niedrigsten und höchsten Punkt der Flanke von Traumhügel Nr. 3 befinden. Dort also, wo das Kreuz zu sehen ist, wird sich Ihr Kassettenrecorder einschalten.

Bei diesem Einschaltzeitpunkt Ihrer Uhr (also ca. 2 Stunden, nachdem Sie eingeschlafen sind), haben Sie die erste Kurztraumphase von ca. 4–5 Minuten und die zweite Traumphase von ca. 13 Minuten für »Lernen im Schlaf« *nicht* aus-

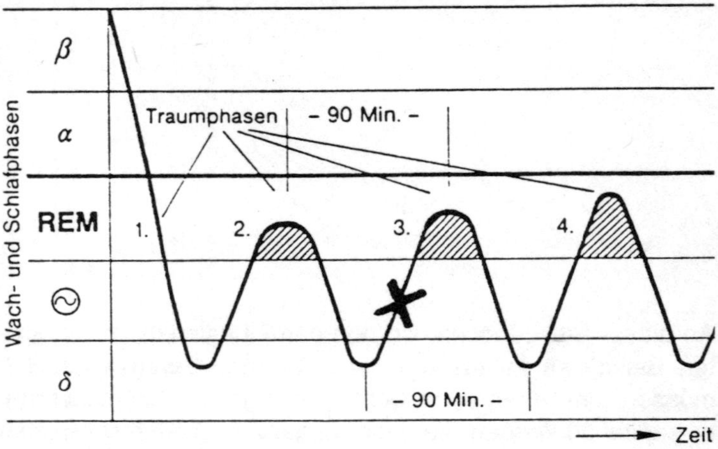

genutzt. Das ist auch gut so, denn so können Sie den ersten Teil der Nacht ungestört schlafen und sich in Ruhe in Ihre Traumrhythmen und weiteren Schlafrhythmen einpendeln.

Nachdem sich die Schaltuhr eingeschaltet hat, wird der Kassettenrecorder die ganze Nacht laufen und erfaßt damit auch die weiteren Theta- und Deltaphasen. Das ist nicht schlimm, hier läuft der Recorder lediglich ohne Lernerfolg. Lernen werden Sie immer nur in den Traumphasen selbst, und zwar in den Traumphasen drei, vier, fünf, sechs usw., je nachdem, wie lange Sie nachts schlafen.

Für den Ausschaltzeitpunkt des Kassettenrecorders gibt es zwei Möglichkeiten. Die eine ist die, daß sich der Recorder eine halbe Stunde, bevor Sie aufstehen müssen, ausschaltet; oder aber Sie wachen auf, wenn der Kassettenrecorder noch spielt. Während Sie sich dann anziehen oder essen, können Sie die Vokabeln auf dem Band noch weiter hören, was für das spätere bewußte Lernen eine weitere Erleichterung bringt.

Die Lautstärke muß so weit heruntergeregelt sein wie möglich, aber so, daß Sie noch keine Konzentration brauchen, um die Vokabeln zu verstehen. Dazu sollten Sie sich auf Ihr Bett legen, den Recorder spielen lassen (über die Kontrolltaste an Ihrer Schaltuhr) und die Augen schließen. Drehen Sie nun die Lautstärke so weit herunter wie möglich, aber so, daß Sie die Vokabeln noch gut verstehen.

Allerdings müssen Sie wissen, daß Sie nachts in der Traumphase fast doppelt so gut hören. Einmal dadurch, daß Sie sich ja gewissermaßen in Ihr Unbewußtsein versenken, wenn Sie schlafen; und zum zweiten dadurch, daß der Geräuschpegel nachts sinkt und auftretende Geräusche dadurch deutlicher zu hören sind. Wenn Sie in den ersten Nächten aufwachen, weil das Gerät zu laut eingestellt ist, müssen Sie vom momentanen Empfinden her die Lautstärke so weit zurückdrehen, daß Sie nicht mehr gestört werden, aber dennoch die Vokabeln verstehen. Warten Sie nicht so lange, bis Sie erst richtig wach werden, sondern regeln Sie die Lautstärke in Ihrem schläfrigen Zustand, sonst stimmen Ihre Empfindungen nicht mehr. Ca. 10 % der Menschen werden trotzdem nachts immer wieder aufwachen. Das sind diejenigen, die nachts gewissermaßen jede Fliege stört. Für solche Menschen ist »Lernen im Schlaf« leider nicht geeignet.

Für diejenigen, die sich von den Schleifgeräuschen des Recorders gestört fühlen, wurde bereits empfohlen, das Gerät etwas weiter weg vom Bett zu stellen. Die Schaltuhr selbst ist mit Ihrem Kassettenrecorder verbunden, und zwar so, daß der Stromstecker des Kassettenrecorders in die Steckdose Ihrer Schaltuhr eingesteckt wird, nur im eingeschalteten Zustand wird die Schaltuhr Strom liefern. Der Kassettenrecorder selbst steht auf »Play«. Liefert nun die Steckdose der Schaltuhr z. B. um 2.00 Uhr nachts Strom, hört sich das so an, als hätten Sie einen eingeschalteten Kassettenrecorder gerade in die Stromsteckdose hineingesteckt. Er beginnt zu laufen und hat nach ein bis zwei Sekunden seine normale Laufgeschwindigkeit erreicht. Durch den Kontrollschalter an Ihrer Schaltuhr können Sie per Hand die Stromzufuhr zum Kassettenrecorder ein- und ausschalten, um so das nächtliche Einschalten zu simulieren und nochmals zu prüfen, ob Ihr Kassettenrecorder in der richtigen Lautstärke läuft.

Mehr brauchen Sie nicht zu beachten, um »Lernen im Schlaf« optimal durchzuführen.

30. So lernen Sie nachts

Sie haben vor, die 1 200 Vokabeln auf Ihrer 90-Minuten-Sprachkassette zu lernen. Je nachdem, ob Sie nun eine oder mehrere Endloskassetten haben, überspielen Sie entsprechende Hunderterblöcke auf Ihre Endloskassetten.

Nun stellen Sie Ihre Uhr entsprechend ein. Wenn Sie z. B. wissen, daß Sie abends um 24.00 Uhr schlafen gehen, dann stellen Sie die Uhr auf 2.00 Uhr nachts, also immer zwei Stunden später als die gewünschte Einschlafzeit. Die Endloskassette legen Sie in Ihren Kassettenrecorder ein und drükken auf »Play«. Schalten Sie die Schaltuhr mit dem Kontrollschalter an, und hören Sie sich die Lautstärke Ihrer Vokabeln an.

Mit der Zeit werden Sie sowieso die richtige Lautstärke kennen und entweder eine Markierung an Ihrem Kassettenrecorder anbringen oder sich die Zahl merken, auf der der Lautstärkeregler steht. Falls nur Sie und nicht Ihr Partner lernen wollen, haben Sie auch den Kopfkissenlautsprecher entsprechend angeschlossen. Nun können Sie beruhigt schlafen gehen. Zur richtigen Zeit beginnt das Endlosband nachts zu spielen. Da es sich alle 6 Minuten wiederholt, werden Sie alle 6 Minuten die gleichen 100 Vokabeln hören.

Diese 100 Vokabeln oder entsprechende Texte oder anderer Wissensstoff mischen sich in Ihr Traumgeschehen hinein und werden verarbeitet und abgelagert. In der Regel ist es aber so, daß Sie einen solchen Traum am nächsten Tag nicht mehr wissen. Ganz selten, vielleicht einmal alle zwei Monate, werden Sie sich an einen nächtlichen Traum erinnern, indem Sie sich z. B. in England glaubten und dort Englisch gesprochen haben.

Aber das ist eben nicht die Regel. Die Regel ist, daß Sie jeweils am nächsten Morgen *nichts* von diesen nächtlichen Träumen wissen.

Lassen Sie das Endlosband drei Nächte durchlaufen, und nehmen Sie sich dann nach der dritten Nacht diese 100 Vokabeln vor, um sie bewußt zu lernen. Dabei werden Sie dann folgende Entdeckung machen: Sie haben teilweise das Gefühl, daß Sie diese Vokabeln schon einmal gewußt haben; irgendwo unterschwellig liegen sie Ihnen auf der Zunge.

Sie kennen sicher alle den Fall, daß Sie vor einiger Zeit Vokabeln gelernt, diese aber wieder vergessen haben. Wenn Sie diese Vokabeln auffrischen wollen, dann gelingt Ihnen das viel schneller, als wenn Sie völlig neue Vokabeln lernen. In der Regel brauchen Sie für ein solches Auffrischen nur ein Drittel der normalen Lernzeit. Das gleiche passiert bei »Lernen im Schlaf«. Diese Vokabeln werden in den unbewußten Regionen plaziert, in die vergessene Vokabeln ohnehin hineinkommen. In beiden Fällen, also bei Vokabeln aus »Lernen im Schlaf« und bei vergessenen Vokabeln, haben Sie das Gefühl, diese Vokabeln schon zu kennen und nur noch aufzufrischen. In beiden Fällen kommen Sie auf ein Drittel der normalen Lernzeit. Ihr Lernen geht also dreimal so schnell vonstatten.

Nach diesen drei Nächten lassen Sie die nächsten 100 Vokabeln auf Ihrer Endloskassette durchlaufen. In dieser Art fahren Sie Nacht für Nacht fort, das heißt: Nach drei Nächten lernen Sie die unterschwellig vorbereiteten Vokabeln *bewußt,* nehmen für die nächsten drei Nächte neue 100 Vokabeln usw., bis Sie die 1 200 Vokabeln gelernt haben. Insgesamt werden Sie auf diese Art 36 Tage brauchen, um 1 200 Vokabeln im Gedächtnis zu speichern und um ein Sprachverständnis von 75 % mit Hilfe des Grundwortschatzes zu erreichen. Für einen Aufbauwortschatz (z. B. Englisch) rechnen Sie ca. 10 % dazu, da hier die Vokabeln etwas schwieriger sind.

Ihre gesamte Mühe bestand nun lediglich darin, die entsprechenden Endlosbänder zu bespielen und insgesamt auf 36 Tage verteilt 12 Stunden lang Ihre Vokabeln zu lernen. (Sie lernen ja jeden dritten Tag eine Stunde bewußt; das ist in etwa die realistische Lernzeit für die vorbereiteten Vokabeln.)

Wenn Sie diese Lernzeit noch weiter verkürzen wollen, dann benutzen Sie Assoziationen. Diese verkürzen das Lernen noch einmal auf die Hälfte. Anstatt pro Stunde 100 Vokabeln zu lernen, schaffen Sie jetzt fast 100 Vokabeln in 30 Minuten. Unterstützt wird diese enorme Lernleistung noch dadurch, daß die Vokabeln nach Assoziierbarkeit ausgesucht worden sind. Entsprechend können Sie nun diese Vokabeln auch in Sätze einkleiden. Diese Sätze lassen Sie dann ebenfalls nachts per Endloskassette durchlaufen.

Natürlich läßt sich anstelle von Vokabeln jeder beliebige Wissensstoff auf ein solches Endlosband sprechen. Nur sollte dieses Wissen immer im Telegrammstil aufgesprochen werden, weil das Band ja maximal sechs Minuten Kapazität hat. Ansonsten verfahren Sie hier genauso wie mit den Vokabeln, das heißt, nach drei Nächten lernen Sie diese Informationen bewußt und verkürzen damit Ihre Lernzeit.

31. Die Aussprache von Vokabeln

Wie Sie in der folgenden Beschreibung sehen werden, läßt sich die Aussprache von Vokabeln außergewöhnlich gut und mit einer hohen Identifikation lernen. Das ist auch der Grund, warum gute Sprachkassetten von »native speakern«, also von Originalsprechern, besprochen wurden.

Vorweg aber erst einmal eine kleine Geschichte, die mir selbst tatsächlich passiert ist.

1970 hatte ich zum ersten Mal die Erfahrung gemacht, wie außergewöhnlich gut die Identifikation mit Aussprachen ist. Ich hatte nämlich damals das Abitur innerhalb eines Jahres extern gemacht, und zwar so, daß ich mir zu Hause nur mit Hilfe von Büchern den geforderten Lernstoff einprägte. Im Anschluß daran bin ich zu einem mir nicht bekannten Gymnasium gefahren und bin von mir unbekannten Lehrern geprüft worden. Was ich bei dieser Prüfung, die über drei Wochen ging, können mußte, war mir ein Jahr vorher von dem zuständigen Lehrerkollegium schriftlich mitgeteilt worden.

Es ist natürlich leicht einzusehen, daß ein solches Verfahren nicht ausreicht, um klar zu erkennen, was genau und vor allem wie man in den entsprechenden Fächern lernen sollte, um die Prüfung zu bestehen. Deshalb bat ich in meiner Heimatstadt den dortigen Leiter eines Gymnasiums, für ein halbes Jahr Gast auf seiner Schule sein zu dürfen. Davon erhoffte ich mir ein besseres Gefühl dafür, wie intensiv verschiedene Fächer für das Abitur vorbereitet werden müssen.

So wurde ich Gast in einer Unterprima. Im dortigen Französischunterricht wurden bereits Lektüren gelesen, während ich lediglich ein Jahr Volkshochschul-Französisch aufzuweisen hatte. Um aber möglichst viel von meinem Gastdasein zu profitieren, meldete ich mich als einer von mehreren Schülern dazu, in fünf Tagen einen Teil aus der französischen Lektüre vorzubereiten, den ich dann vorlesen sollte.

Also bat ich einen in Französisch guten Mitschüler, mir den entsprechenden Text auf ein Endlosband zu sprechen. Dieses Endlosband ließ ich dann fünf Nächte lang durchlaufen. Am fünften Tag las ich mein Textstück noch zweimal laut und bewußt zu Hause vor und ging dann zufrieden in die Schule. Meiner Meinung nach konnte ich das Stück dann einigermaßen fließend und mit einer passablen Aussprache vorlesen.

Der gleichen Meinung war dann auch mein Lehrer. Nur, was er nicht wußte: Ich hatte weder jetzt noch vorher den Inhalt dieses Stücks verstanden, denn hierzu fehlten mir zu viele Vokabeln. Aber ich konnte vorlesen und hatte dabei das Gefühl, daß das Ganze irgendwie programmiert ablief.

Nun wollte es der Zufall, daß derselbe Mitschüler, der mir den Text auf Band gesprochen hatte, das nächste Stück lesen mußte. Er war noch nicht ganz fertig, als ihn der Lehrer unterbrach und zuerst mich und dann ihn anschaute und darauf meinte: »Seltsam, Sie haben die gleiche Art, französisch zu sprechen, wie Ihr Mitschüler Herr Beyer.« Das war für mich der auslösende Punkt, das nächtliche Fremdsprachentraining systematisch zu betreiben, und von diesem Tag an fiel mir die Aussprache immer leichter.

Wenn man nun bedenkt, daß eine solche außergewöhnlich hohe Identifikation, die ja dem Lehrer aufgefallen war, bereits nach fünf Nächten auftrat, um wieviel größer müßte dann die Identifikation nach Wochen oder Monaten des nächtlichen Lernens sein! Deswegen ist es ganz wichtig, wenn man Originalsprecher hört oder zumindest einen Sprecher, der eine möglichst gute Aussprache hat. Spricht man selbst Vokabeln und Sätze auf Band, dann dreht man sich mit der Aussprache immer auf der Stelle.

Und noch eins ist sehr bemerkenswert: Während Sie beim nächtlichen Erlernen von Vokabeln auch tagsüber noch bewußt lernen müssen, können Sie bei der Aussprache darauf verzichten. Denn: Die Aussprache ist nichts anderes als eine unbewußte Steuerung der Sprachmotorik, die unterschwellig bleiben soll. Deshalb brauchen Sie bei der Aussprache niemals diese unterschwelligen Informationen ins Bewußtsein zu rufen, Sie sollen ja automatisch richtig artikulieren!

32. Das alles kann passieren

Auch nachdem Sie dieses Buch durchgelesen haben, bleibt die Möglichkeit, daß immer wieder einmal ein Fehler auftreten kann. Das ist kein Beinbruch, sondern eine ganz normale Entwicklung, wenn man mit einer neuen Lernmethode Erfahrungen gewinnt. Deswegen möchte ich an dieser Stelle in Kurzform auflisten, was *vielleicht* in Ihrem Fall noch passieren könnte:

1. Achten Sie darauf, daß niemand beim Staubwischen Ihren Lautstärkeregler verdreht. Zur Sicherheit sollten Sie sich die eingestellte Zahl merken oder aufschreiben.
2. Es kann nachts passieren, daß der Strom ausfällt, vielleicht für 1 oder 2 Stunden. Wenn der Strom dann wieder eingeschaltet wird, wird Ihre Schaltuhr zwar ebenfalls starten, aber natürlich entsprechend verspätet, so daß sich Ihr Lernprogramm nach hinten verschiebt und Sie vielleicht ein oder zwei gewünschte Traumphasen nicht erfaßt haben.
3. Wenn Sie 100 Vokabeln von einer 90-Minuten-Sprachkassette auf Ihre Endloskassette überspielt haben, dann stellen Sie bitte nach Ende der letzten Vokabel zuerst den Kassettenrecorder aus, in dem das Endlosband läuft. Wenn Sie hier länger als 15 Sekunden oder manchmal vielleicht sogar nur 10 Sekunden warten, dann beginnt wieder der Anfang dieser Endloskassette, auf dem Sie ja

bereits Vokabeln aufgenommen haben. Diese würden dann gelöscht. Sollte das einmal passieren, dann werden es in der Regel vielleicht nur die ersten 2–3 Vokabeln sein. Entweder verzichten Sie dann auf diese 3 Vokabeln und lernen diese nur bewußt, oder aber Sie müssen die ganzen 6 Minuten noch einmal neu aufnehmen, und zwar von der Stelle ab, wo Sie das Band gestoppt haben.

4. Damit auf Ihrem Endlosband nicht zufällig noch einige Vokabeln von den vorangegangenen Nächten aufgespielt sind, sollten Sie, wenn Sie neue Vokabeln überspielen, Ihr Endlosband ca. 30 Sekunden auf »Record« laufen lassen, ohne daß Sie Vokabeln übernehmen. Dadurch löschen Sie dann einen Bereich von 30 Sekunden. Denn Sie müssen damit rechnen, daß bei Ihren neuen Vokabeln zwischen der letzten und der ersten aufgespielten Vokabel eine Pause von vielleicht 10–20 Sekunden ist, in der, wenn Sie Pech haben, noch alte Vokabeln zu hören wären, wenn Sie nicht vorher einen Teil gelöscht hätten!
5. Achten Sie darauf, daß nicht auch Ihre Nachbarn ungewollterweise nachts mithören müssen.

Folgendes ist mir einmal passiert: Es war Sommer und sehr heiß. Der Kassettenrecorder stand wegen der Laufgeräusche weiter weg vom Bett, und zwar unter dem offenen Fenster. Im Nachbarhaus waren ebenfalls die Fenster offen. Die lateinischen Vokabeln, die über Lautsprecher kamen, wurden bis ins Nachbarhaus getragen, und dort lernten nun ungewollterweise auch meine Nachbarn mit, die dadurch einen intensiven Traum hatten. Am nächsten Morgen kamen sie, um sich zu beschweren. Sie hatten geträumt, sie seien in einer Kirche gewesen, und der Pfarrer redete ständig in Latein auf sie ein und ließ sie nicht aus der Kirche heraus, so sehr sie auch diese Kirche verlassen wollten.

Soweit also die Anleitung zu dem, was Sie mit »Lernen im Schlaf« machen können, worauf Sie achten müssen und wie Sie am besten vorgehen. Und damit Sie es so leicht wie möglich haben, nächtlich mit »Lernen im Schlaf« umzugehen, hier noch einmal eine Checkliste, die im Telegrammstil Ihre Vorgehensweise auflistet. Weitere Informationen zu Seminaren und Lernmaterialien finden Sie im Anhang des Buches.

Checkliste »Lernen im Schlaf«

1. Lerneffekt:
Aussprache von Sprachen sehr gut, keine bewußte Wiederholung nötig. Wissen (Sprachen und andere Dinge) gut, bewußte Wiederholung notwendig.

2. Material:
- 1 Kassettenrecorder (Einfachgerät oder bei geräuschempfindlichen Personen ein etwas teureres Gerät mit Geräuschdämpfung)
- 1 oder mehrere Endloskassetten
- 1 Schaltuhr
- 1 Kopfkissenlautsprecher (falls nur Sie und nicht auch Ihr Partner lernen wollen)
- 1 90-Min.-Sprachkassette oder eigenes Material
- Assoziationslisten, Spiele etc. zur Ergänzung

3. Durchschlafen:
Gut die Hälfte aller Menschen wachen schon in der ersten Nacht nicht auf. Für die anderen gilt ca. 2–4 Nächte Übergangszeit. Hier und da kann es sein, daß jemand außergewöhnlich lärmempfindlich ist. Wenn Sie nach etwa sieben Nächten immer noch aufwachen, dann haben Sie entweder etwas falsch gemacht, oder aber Sie gehören zu den 10 %, für die »Lernen im Schlaf« nicht geeignet ist.

4. Lautstärke:
Nachts hören Sie wesentlich besser. Das müssen Sie beim Einstellen der Lautstärke beachten und sich entsprechend die Einstellung merken oder markieren.

5. Lerndauer:
3 Nächte lang lassen Sie über Endloskassette den gleichen Lernstoff ablaufen. Dann nehmen Sie ein neu bespieltes Endlosband.

6. Bewußtes Lernen:
Wenn Sie nachts Wissensstoff, z. B. Vokabeln, lernen, ist ein nachträgliches bewußtes Lernen nach der dritten Nacht nötig. Hier erreichen Sie eine Verkürzung der bewußten Lernzeit auf gut ein Drittel.

7. Assoziationen:
Nehmen Sie für das bewußte Lernen Assoziationen dazu, dann kommen Sie noch einmal auf die Hälfte der Lernzeit, also insgesamt auf ein Sechstel der normalen Lernzeit (Sie lernen dann tatsächlich sechsmal schneller). Auch Sprachkartenspiele helfen beim Lernen.

8. Morgens hören:
Sie können Ihr Endlosband morgens, wenn Sie aufgewacht sind, noch eine Zeitlang, z. B. während des Anziehens, laufen lassen. Dadurch verkürzen Sie noch einmal die bewußte Lernzeit, weil ja auch hierbei schon einige Vokabeln bewußt aufgenommen werden.

9. Mehrere Kassetten:
Wenn Sie von der 90-Minuten-Sprachkassette Ihre Vokabeln überspielen, dann ersparen Sie sich um so mehr Zeit und Mühe, je mehr Endloskassetten Sie benutzen. Wenn Sie z. B. sechs Endlosbänder auf einen »Schlag« bespielen, dann haben Sie wesentlich mehr Zeit gespart, als wenn Sie alle drei Nächte immer wieder nur ein Band bespielen.

10. Sätze sprechen:
Wenn Sie diese Vokabeln auch in der Anwendung als Sätze trainieren wollen, helfen Ihnen Sprachkassetten mit Rede-

wendungen. Die von uns aufgenommenen Redewendungen und Sätze orientieren sich an den 1 200 Vokabeln der 90-Minuten-Sprachkassette, d. h., für jeweils 100 Vokabeln, die Sie gerade lernen, finden Sie bereits fertige Sätze vor.

11. Spiele:

Die gleichen Sätze, die Sie auf diesem Band zum Überspielen auf Endloskassetten finden, gibt es auch als Kartenspiel, bei dem Sie eine Reise durch das entsprechende Land machen. Im Grundwortschatz machen Sie diese Reise als Tourist, im Aufbauwortschatz als Geschäftsmann mit dem Schwerpunkt Politik und Wirtschaft.

Ebenso können Sie die Vokabeln mit einem Computerspiel üben; dieses Spiel gibt es für alle IBM-kompatiblen Computertypen. Informationen hierüber vom Institut des Autors (siehe Anhang).

V. Konzentrationstraining

33. Spielerisch konzentrieren lernen

Bevor Sie zum Abschluß dieses Buches noch Konzentrationsspiele machen, hier kurz die z. Z. gültigen Definitionen von Lernen, Gedächtnis und Konzentration.

Lernen wird als eine Verhaltensänderung definiert und ist folglich ein Vorgang des Aufnehmens, Verarbeitens und Abrufens, zu dem auch der Wahrnehmungsapparat gehört. Einen Ausschluß bildet die Verhaltensänderung durch die Reifung des Körpers und durch körperliche Zustände (wie plötzliche Gebrechen).

Gedächtnis: Das Gedächtnis ist nur der Speicher und damit gleichzeitig die Fähigkeit, beliebige Daten abrufen zu können und speichern zu können.

Konzentration: Das ist die Fähigkeit, seine Gedanken auf einen gewünschten Punkt zu sammeln und dort zu lassen. (Es nützt nichts, wenn Sie sich nur einige Sekunden lang konzentrieren können, Sie müssen es schaffen, Ihre Gedanken auch längere Zeit auf den gewünschten Punkt zu lenken.)

Da das Gedächtnis bekannterweise mit der Konzentration steht und fällt, ist es wichtig, die Konzentration in zufriedenstellender Weise zu trainieren. Das soll spielerisch geschehen, denn der berufliche und auch schulische Alltag ist schon aufreibend genug.

In den folgenden 42 »Konzentrationsspielen« trainieren

Sie die Bereiche, die für die tägliche Praxis wichtig sind. Hierbei soll sich eine Routine einschleifen, so daß Konzentration zu einem effektiven, automatischen Grundverhalten Ihres Gehirns wird. Nur so wird Konzentration auf die Dauer für Sie etwas leicht Handhabbares.

Wie oft Sie jeweils eine Übung machen müssen und welchen Erfolg sie haben soll, das ist bei jeder einzelnen Übung angegeben. Wechseln Sie die jeweiligen Übungen eines Kapitels hintereinander ab, dann ist der Erfolg am höchsten!

Ich wünsche Ihnen viel Spaß und Erfolg beim Training Ihrer Konzentration!

34. Neun Konzentrationsspiele, leicht

Spiel 1:
Bitte zählen Sie in diesem Kasten die Zahlen von 1 bis 30 einmal rückwärts und einmal vorwärts. Die Schwierigkeit be-

steht darin, aus der Unordnung von Zahlen die jeweils gewünschte schnell zu finden, und zwar in der Reihenfolge 1, 2, 3 usw. Wenn Sie wollen, dann können Sie auf die jeweilige gefundene Zahl mit dem Bleistift oder Finger tippen. Machen Sie aber keine Zeichen an die Zahlen, damit Sie dieses Spiel beliebig oft wiederholen können. Die letzte Zahl ist 30.

Machen Sie dieses Spiel insgesamt 50mal, aber nicht öfter als 3mal am gleichen Tag. Wie oft Sie dieses Spiel bereits gemacht haben, halten Sie durch eine Strichliste fest.

Strichliste:

Erfolg: Ihre geistige Reaktionsschnelle steigt, Ihre Sicherheit, sich in einer Unordnung nicht zu verlieren, wächst.

Spiel 2:
Bitte verfolgen Sie die Linien von einem Ende zum anderen und wieder zurück, aber nur mit den Augen, nicht mit Bleistift oder Finger. Dabei zählt eine Tour hin und zurück als einmal.

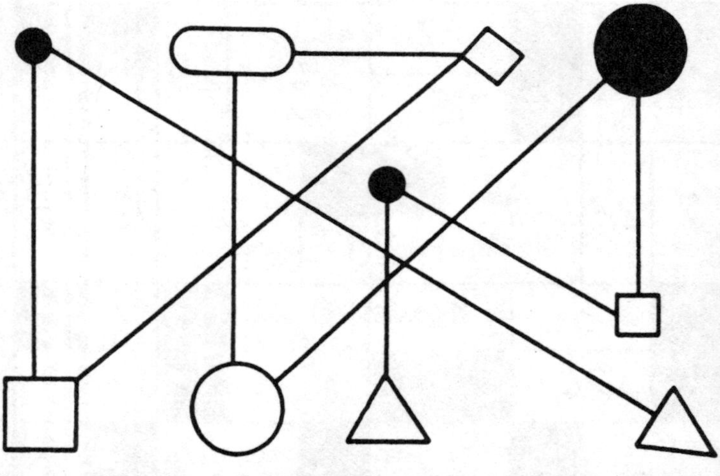

Machen Sie dieses Augenspiel insgesamt 500mal, aber nicht öfter als 30mal am Tag und nicht weniger als 10mal am gleichen Tag. In Ihrer Strichliste entspricht 1 Strich = 10mal.

Strichliste:

Erfolg: Die Augen ermüden nicht mehr so schnell beim Lesen, wodurch die Konzentration nicht mehr so stark gestört wird. Auch Ihre konzentrierte Lesegeschwindigkeit erhöht sich.

Spiel 3:
Die folgende Figur hat zwei verschiedene Perspektiven. Diese Perspektiven wechseln dann automatisch, wenn Sie die Figur eine Zeitlang ruhig betrachten. Sie sollen nun diese Perspektiven ganz gezielt in Ihrem Wechsel beeinflussen. Das gelingt Ihnen dadurch, daß Sie sich entweder an Flächen, an Kanten oder an Ecken dieser Figur orientieren. Allerdings setzt das voraus, daß Ihnen räumlich klar ist, welche zwei Möglichkeiten der Würfel hat, sich darzustellen. Wenn Sie sich darüber im klaren geworden sind, dann beginnen Sie, gezielt Ihre Erwartungshaltung zu variieren, die Sie von dieser Figur haben, indem Sie sich an Flächen, Kanten oder Ecken orientieren. Einmal hin- und herkippen zählt als ein Durchgang.

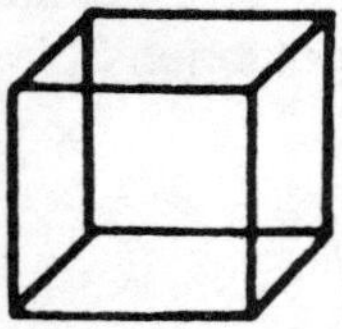

Bitte machen Sie dieses Spiel insgesamt 500mal, aber nicht öfter als 30mal am Tag und nicht weniger als 10mal am gleichen Tag. In Ihrer Strichliste entsprechen 10mal einem Strich.

Strichliste:

Erfolg: Ihre Konzentration in bezug auf dreidimensionale Vorstellungen steigt, außerdem können Sie schneller auf völlig neue Sachgebiete umschalten (z. B. wenn Sie ein Telefonat aus einer Besprechung herausreißt!).

Spiel 4:
Bitte verfolgen Sie die einzelnen Linien nur mit den Augen von den Zahlen aus zu den Buchstaben. Immer, wenn Sie dieses Spiel einmal gemacht haben, dann wechseln Sie die Richtung usw.

Machen Sie dieses Spiel 50mal, aber nicht öfter als 3mal am gleichen Tag. Notieren Sie die Anzahl der ausgeführten Spiele wieder in Ihrer Strichliste.

Strichliste:

Erfolg: Ihre Augen lassen sich leichter und ermüdungsfreier steuern, z. B. beim Lesen. Auch Ihre konzentrierte Lesegeschwindigkeit steigt!

Spiel 5:
Wechseln Sie in diesem Spiel wieder die Perspektive. Einmal hin- und zurückkippen zählt wieder als ein Durchgang.
Machen Sie dieses Spiel bitte 500mal, aber nicht öfter als 30mal und nicht weniger als 10mal am gleichen Tag. Für 10mal notieren Sie wieder einen Strich.

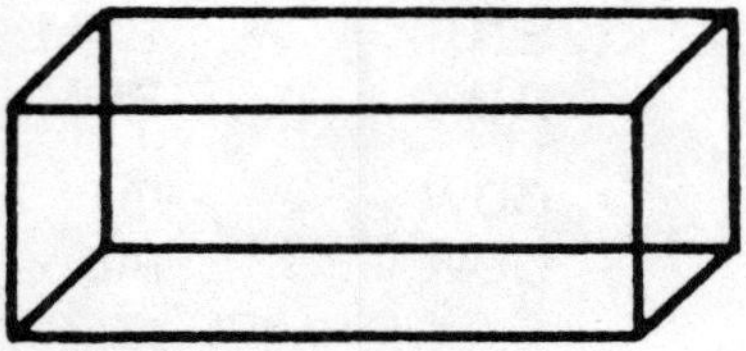

Strichliste:

Erfolg: bereits besprochen (Spiel 3).

Spiel 6:
Verfolgen Sie in diesem Spiel wieder die Linien mit den Augen.

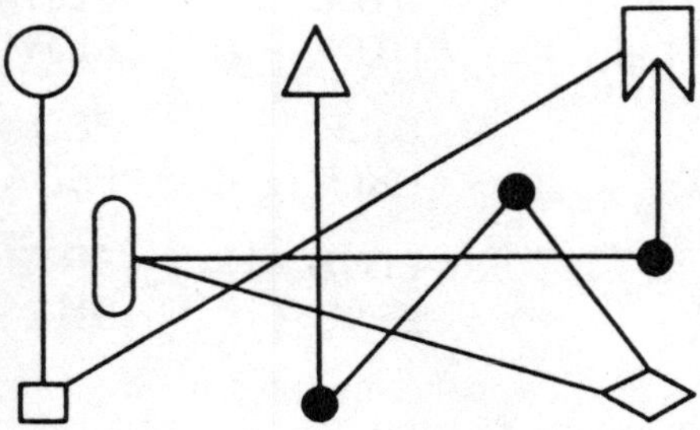

Machen Sie dieses Spiel 500mal, aber nicht öfter als 30mal und nicht weniger als 10mal am gleichen Tag. Für 10mal notieren Sie einen Strich.

Strichliste:

Erfolg: bereits besprochen (Spiel 2).

Spiel 7:
Bei diesem Spiel stehen immer zwei dicht untereinander liegende Reihen von Buchstaben. Mit Ausnahme von einem einzigen Buchstaben stimmt die obere Reihe mit der unteren überein. Diese Ausnahme sollen Sie so schnell wie möglich finden. Streichen Sie dabei nichts an, damit Sie dieses Spiel öfter machen können.

BDR	CDG	ETU	ROM
BDF	COG	ITU	RÖM
JKL	GNM	ODW	IÄE
IKL	CNM	ODV	IAE
CYD	RIJ	OMV	UBA
CYF	RIT	OMB	UPA
TBS	IOL	DSA	IMT
TBC	IÖL	DSQ	IMD
DBZU	VGRD	TGVD	OKHG
DBCU	WGRD	THVD	ÖKHG
VFDE	JNGT	UTDE	KLJT
VEDE	JNKT	UTDF	KLJY
VBFR	YAEZ	UJLP	FEOA
VBRR	TAEZ	UKLP	FEQA
LGJR	ZHNF	EDVB	ERTZ
LKJR	ZFNF	EFVB	IRTZ

Machen Sie dieses Spiel insgesamt 50mal, aber nicht öfter als 3mal am gleichen Tag. Notieren Sie die einzelnen ausgeführten Spiele wieder in Ihrer Strichliste.

Strichliste:

Erfolg: Ihre Reaktionsschnelligkeit steigt, und die Anzahl Ihrer Flüchtigkeitsfehler sinkt.

Spiel 8:
Bitte suchen Sie in diesem Spiel die Buchstaben von A bis Z in der Reihenfolge A, B, C usw. (nur vorwärts). Sie können wieder den Finger oder einen Bleistift zu Hilfe nehmen. Streichen Sie aber bitte keinen Buchstaben an.

Machen Sie dieses Spiel insgesamt 50mal, aber nicht öfter als 3mal am gleichen Tag. Notieren Sie die einzelnen ausgeführten Spiele wieder in Ihrer Strichliste.

Strichliste:

Erfolg: bereits besprochen (Spiel 1).

Spiel 9:
Verfolgen Sie hier wieder die Linien mit den Augen (jedes zweite Mal von den Buchstaben hin zu den Zahlen).

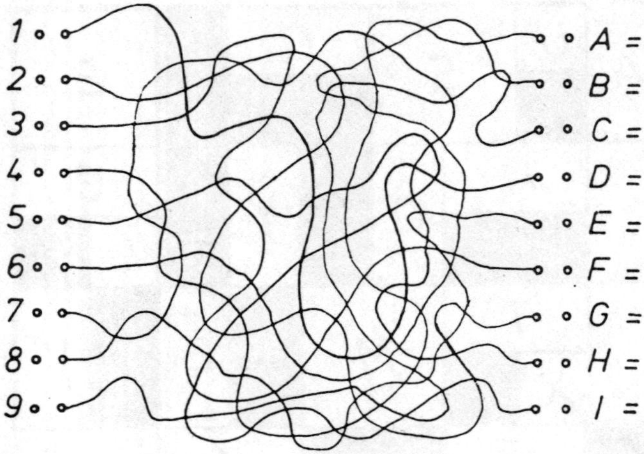

Machen Sie dieses Spiel insgesamt 50mal, aber nicht öfter als 3mal am gleichen Tag. Notieren Sie die einzelnen ausgeführten Spiele wieder in Ihrer Strichliste.

Strichliste:

Erfolg: bereits besprochen (Spiel 4).

35. Neun Konzentrationsspiele, etwas schwieriger

Spiel 1:
Bei diesem Spiel sollen Sie in dem folgenden Text (nicht in der Überschrift) den Buchstaben klein-»e« zählen. Dabei spielt es keine Rolle, ob Sie den Inhalt dieses Textes verstehen oder nicht. Beim Zählen streichen Sie bitte keine Buchstaben an, damit Sie diese Übung sooft wie möglich wiederholen können. Einmal durchzählen gilt als ein Spiel.

Zählen Sie den kleinen Buchstaben »e« in dem folgenden Text:

Die Einleitung durch Verbalsuggestion und monotone, teils auch akustische Reize wird bei dieser Methode recht selten verwendet. Vestibuläre Reize haben, wenn überhaupt, nur noch historische Bedeutung. Faszinationsmethode und Verbalsuggestion sollten aus einer Reihe von Gründen hauptsächlich wegen der entstehenden Nachteile nur noch in ganz bestimmten Fällen benutzt werden.

Machen Sie dieses Spiel ingesamt 50mal, aber nicht öfter als 3mal am Tag. Notieren Sie die einzelnen ausgeführten Spiele in Ihrer Strichliste.

Die Anzahl des Buchstaben »e« ist 55. Ein Spiel gilt auch dann als durchgeführt, wenn Sie falsch gezählt haben.

Strichliste:

Erfolg: Die Anzahl von Flüchtigkeitsfehlern sinkt, weil Sie lernen, konzentrierter auf Details zu achten.

Spiel 2:
In diesem Spiel sollen Sie üben, möglichst schnell gerade von ungeraden Zahlen zu trennen. Das tun Sie dadurch, daß Sie zuerst einmal nur die geraden Zahlen in Gedanken laut lesen (also 64, 34, 88 usw.) und anschließend nur die ungeraden (also 55, 75, 67 usw.). Je schneller Sie das schaffen, um so besser. Die Zahlen selber brauchen Sie nicht im Kopf zu behalten. Ein Spiel haben Sie dann gemacht, wenn Sie einmal die geraden und anschließend einmal die ungeraden Zahlen gelesen haben.

Lesen Sie nur die geraden bzw. ungeraden Zahlen:

55	75	64	34	88	56	32	54	67	71
56	43	50	90	65	01	04	53	76	54
98	56	44	17	83	73	51	85	49	31
46	36	87	43	82	63	73	91	63	74
48	93	62	43	12	26	12	64	72	83

Machen Sie dieses Spiel insgesamt 50mal, aber nicht öfter als 3mal am Tag. Notieren Sie die einzelnen ausgeführten Spiele wieder in Ihrer Strichliste.

Strichliste:

Erfolg: Ihre geistige Reaktionsschnelle steigt an.

Spiel 3:
Dieses Spiel wurde sowohl in der Durchführung als auch im Erfolg bereits besprochen (Kapitel 34, Spiel 1).

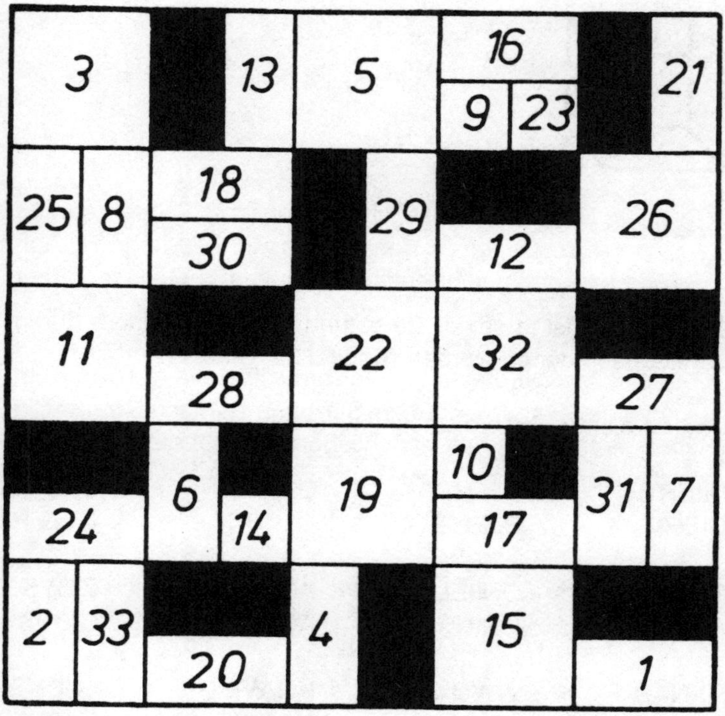

Strichliste:

Spiel 4:
Dieses Spiel ist in seiner Durchführung und in seinem Erfolg bereits besprochen worden (Kapitel 34, Spiel 3).

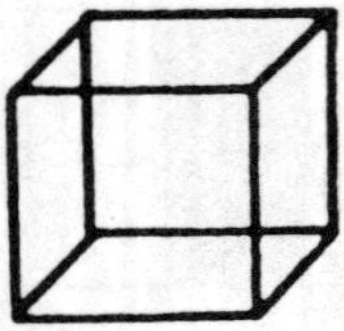

Strichliste:

Spiel 5:
Dieses Spiel ist in seiner Durchführung und in seinem Erfolg bereits besprochen worden (Kapitel 34, Spiel 7).

Unterstreichen Sie die Unstimmigkeiten

DJERV	DJFHR	GJDBC	UTHFR
DIERV	DJEHR	GLDBC	UTZFR
DJVNE	ONJEL	ÄÖEUC	ZIBYS
AJVNE	ONKEL	AÖEUC	CIBYS
DKNÄR	ZIWQX	KOÄVE	GJDNE
DKMÄR	ZLWQX	KOAWE	DJDNE
DJFNR	TJGNE	RUCGE	RHFBE
DKFNR	TZGNE	PUCGE	RMFBE

Strichliste:

Spiel 6:
Dieses Spiel ist in seiner Durchführung und in seinem Erfolg bereits besprochen worden (Kapitel 34, Spiel 6).

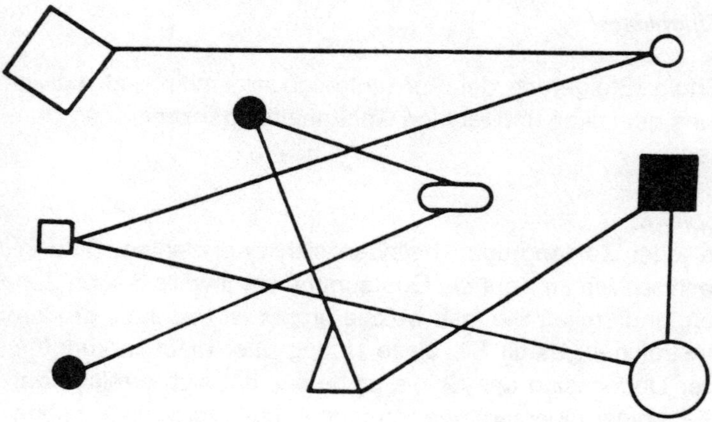

Strichliste:

Spiel 7:
Bitte zeichnen Sie die folgende Linie so, wie bereits begonnen, spiegelbildlich nach. Mal zeichnen Sie das Ganze mit der rechten Hand (dabei fangen Sie links an), und mal zeichnen Sie die Linie mit der linken Hand (dabei fangen Sie rechts am Buchrand an). Um den Übungswert dieses Spiels nicht zu sehr zu strapazieren, fertigen Sie für weitere Übungen bitte eigene Linien an.

Zeichnen Sie die Linie abwechselnd mit der linken und rechten Hand spiegelbildlich nach.

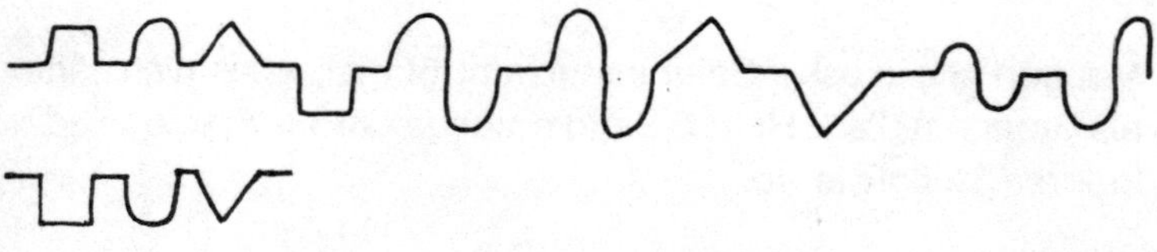

Machen Sie dieses Spiel ingesamt 50mal, aber nicht öfter als 3mal am Tag. Notieren Sie jedes ausgeführte Spiel wieder in Ihrer Strichliste.

Strichliste:

Erfolg: Steigerung der Konzentration allgemein und Aktivierung der linken und rechten Gehirnhälfte (ganzheitliches Denken).

Spiel 8:
In jeder Zahlengruppe befinden sich zwei Zahlen. Bitte errechnen Sie im Kopf die Quersumme der jeweils beiden Zahlen, und stellen Sie fest, welche größer ist (nicht die größere anstreicnen, damit Sie diese Übung öfter machen können). Der Übungssinn des Spiels ist bereits dadurch erreicht, daß Sie beide Quersummen errechnet und verglichen haben. Hierbei dürfen Sie aber nichts notieren oder schriftlich ausrechnen.

Beispiel:
3 7 5 8 3 = 26
4 8 7 3 1 = 23 Die obere Quersumme ist größer.

36289	68205	15371	21375
45349	75417	51294	51733
84905	32941	43920	39362
61956	12960	61831	48446
53966	78910		
56973	69900		

Machen Sie dieses Spiel insgesamt 50mal, aber nicht öfter als 3mal am Tag. Haken Sie die ausgeführten Spiele wieder in Ihrer Strichliste ab.

Strichliste:

Erfolg: Ihre geistige Reaktionsschnelle wächst, und Ihr Ultrakurzzeitgedächtnis wird besser (s. Kapitel 2).

Spiel 9:

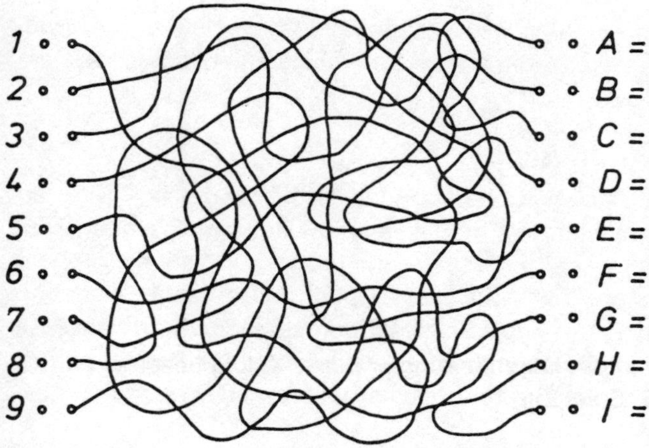

Bereits von der Durchführung und vom Erfolg her besprochen (Kapitel 34, Spiel 4).

Strichliste:

36. Neun Konzentrationsspiele, schwierig

Spiel 1:
Bereits in der Durchführung und dem Erfolg besprochen (Kapitel 35, Spiel 2).

Gerade bzw. ungerade Zahlen

47	36	47	86	23	33	96	05	25	54
74	43	23	84	94	03	56	37	28	15
36	38	94	74	59	73	53	14	26	35
47	37	84	96	88	64	65	33	15	23
46	32	86	90	05	74	03	61	46	68
47	84	21	59	07	64	35	43	57	44

Strichliste:

Spiel 2:
Bereits in der Durchführung und im Erfolg besprochen (Kapitel 35, Spiel 1).

Zählen Sie den Buchstaben klein-»a« im folgenden Text. Mit der visuellen Assoziationstechnik erleichtern Sie sich das Lernen der Vokabeln um mindestens die Hälfte. Unsere Empfehlung ist, daß Sie zusätzlich zu Ihrem Sprachprogramm solche Assoziationslisten benutzen. Auf mehreren Seiten finden Sie zu den Sprachen Spanisch, Französisch und Englisch jeweils Beispiele, wie solche visuellen Assoziationen aussehen können.

Probieren Sie es einmal aus! Die hier beschriebenen Bilder müssen Sie *tatsächlich vor Ihrem geistigen Auge sehen,* dann prägt sich die Vokabel in Ihr Langzeitgedächtnis ein. Wenn Sie sich das beschriebene Bild lediglich durchlesen, dann haben Sie nur eine Gedankenverbindung aufgebaut. Gedankenverbindungen verschwinden wesentlich schneller aus dem Gedächtnis als tatsächlich vor dem geistigen Auge vorgestellte Bilder (siehe auch Teil I. dieses Buches).

Strichliste:

Spiel 3:
Bereits in der Durchführung und im Erfolg besprochen (Kapitel 34, Spiel 1).

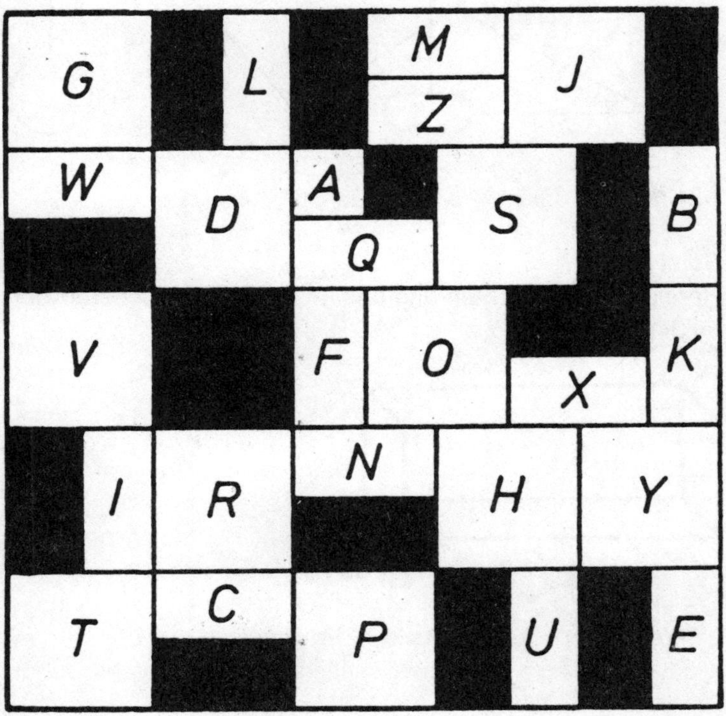

Strichliste:

Spiel 4:
Bereits in der Durchführung und im Erfolg besprochen (Kapitel 34, Spiel 2).

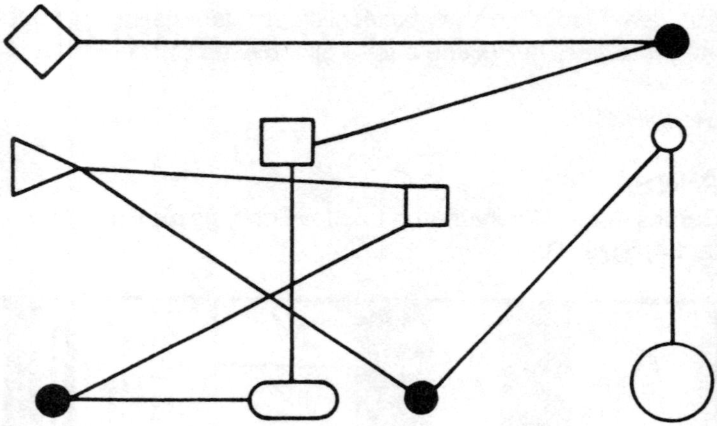

Strichliste:

Spiel 5:
Bereits in der Durchführung und im Erfolg besprochen (Kapitel 34, Spiel 3).

Strichliste

Spiel 6:
Bereits in der Durchführung und im Erfolg besprochen (Kapitel 34, Spiel 4).

Strichliste:

Spiel 7:
Bereits in der Durchführung und im Erfolg erklärt (Kapitel 34, Spiel 4).

Strichliste:

Spiel 8:
Bereits in der Durchführung und im Erfolg erklärt (Kapitel 34, Spiel 2).

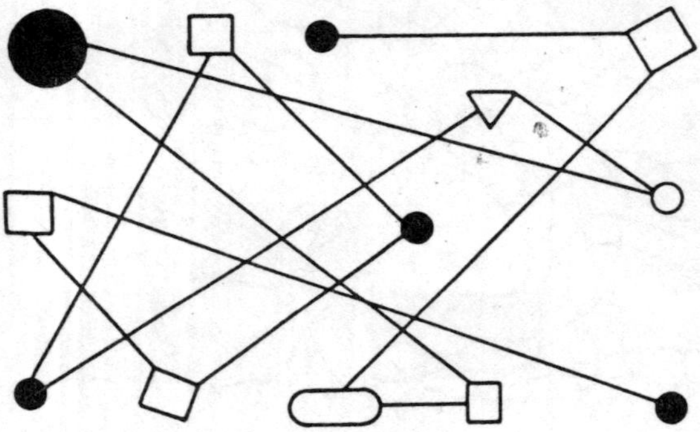

Strichliste:

Spiel 9:
Bereits in der Durchführung und im Erfolg erklärt (Kapitel 34, Spiel 1).

Strichliste:

37. Fünfzehn Konzentrationsspiele, Endspurt

Spiel 1:
Bitte schreiben Sie die Erläuterung dieses Spiels Nr. 1 handschriftlich mit der linken Hand in Spiegelschrift ab. Dabei müssen Sie am rechten Blattrand anfangen und ihre linke Hand zum linken Blattrand hin bewegen. Bitte schreiben Sie aber keine Druckschrift, sondern zusammenhängende Handschrift. Ein Spiel haben Sie dann gemacht, wenn Sie diesen Text einmal ganz abgeschrieben haben.

In dieser Art sollen Sie den obenstehenden Text abschreiben:

(Spiegelschrift des Autors)

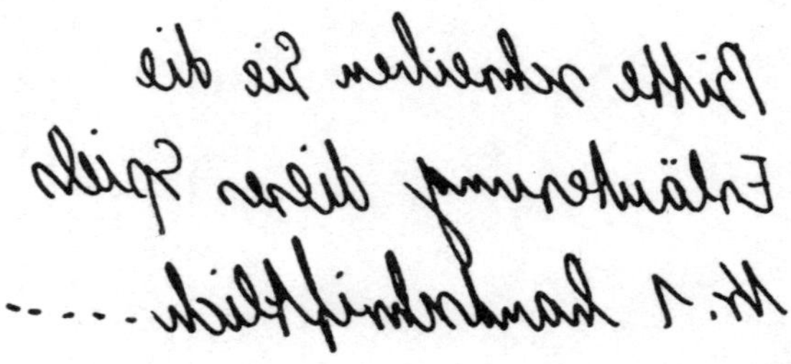

Bitte machen Sie dieses Spiel insgesamt 30mal, aber nicht öfter als 2mal in der Woche und nicht weniger als 1mal in der

Woche. Notieren Sie die Anzahl der Spiele wieder in Ihrer Strichliste. Nehmen Sie jedes fünfte Mal einen anderen Text.

Strichliste:

Erfolg: Die rechte Gehirnhälfte (die Verbindung hin zum Körper geht überkreuz) wird trainiert, was sich nach und nach in einer besseren Konzentration äußert, da anschließend mehr aktivierte Gehirnzellen zur Verfügung stehen. Bislang hatten Sie hauptsächlich die linke Gehirnhälfte beansprucht (oft sogar überfordert, wenn Sie unter Streß standen). Dabei ist gleichzeitig die rechte Gehirnhälfte vernachlässigt worden!

Spiel 2:
Bitte verfolgen Sie in dieser Figur den Weg von A nach B und anschließend wieder von B nach A zurück. Einmal hin und einmal zurück verfolgen gilt als ein Spiel.
Erfolg: bereits besprochen (Kapitel 34, Spiel 4)

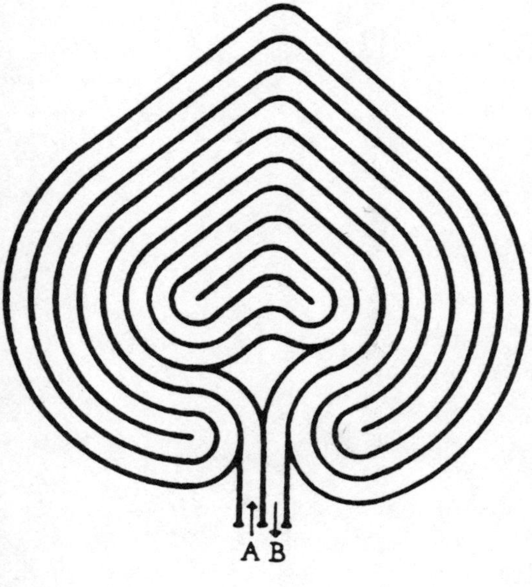

Strichliste:

Spiel 3:
Im Erfolg und in der Durchführung bereits besprochen (Kapitel 34, Spiel 2).

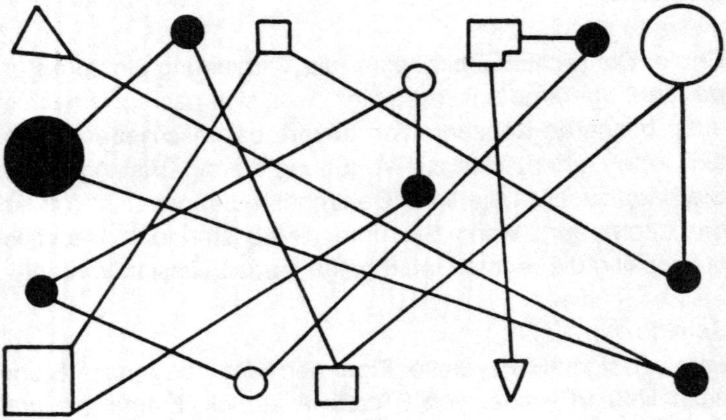

Strichliste:

Spiel 4:
Bereits im Erfolg und in der Durchführung besprochen (Kapitel 34, Spiel 4).

Anmerkung: Diese Übung hat einen sehr hohen Schwierigkeitsgrad.

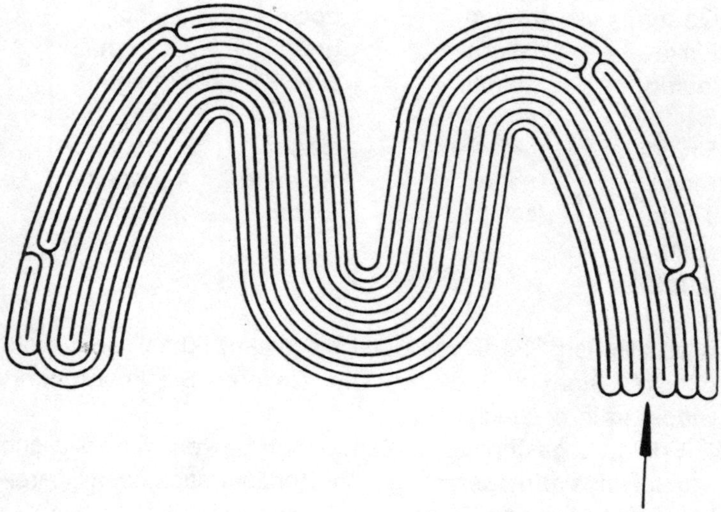

Strichliste:

Spiel 5:
Bei diesem Spiel sollen Sie sich die folgenden 20 Wörter vorlesen lassen. Dabei müssen Sie das jeweils gerade vorgelesene Wort rückwärts nachsprechen. Das gelingt Ihnen dann, wenn Sie sich das jeweilige Wort vor Ihrem geistigen Auge geschrieben vorstellen und es dann rückwärts »ablesen«. Zur Kontrolle und Erleichterung desjenigen, der Ihnen die Begriffe vorliest, steht die rückwärtige Aussprache hinter jedem einzelnen Wort.

Ein Spiel haben Sie dann gemacht, wenn Sie alle 20 Begriffe rückwärts wiedergegeben haben (ck, sch, ch bleiben als Einheit erhalten, sie werden also nicht rückwärts ausgesprochen).

Auto	(otua)	Neger	(regen)
Mantel	(letnam)	Land	(dnal)
Kelch	(chlek)	Kante	(etnak)
Garten	(netrag)	Loch	(chol)
Onkel	(lekno)	groß	(ßorg)
laufen	(nefual)	Eier	(reie)
Seide	(edies)	Ruf	(fur)
Bruder	(redurb)	singen	(negnis)
reden	(neder)	Antenne	(ennetna)
Tisch	(schit)	Eimer	(remie)

Strichliste:

Bitte machen Sie dieses Spiel insgesamt 50mal, aber nicht öfter als 3mal am gleichen Tag. Notieren Sie Ihr Ergebnis wieder in Ihrer Strichliste.

Erfolg: Legasthenische Schwächen sinken, das bildliche Vorstellungsvermögen steigt, Ihre Konzentration beim Schreiben und Lesen von Texten steigt ebenfalls.

Spiel 6:
Hier müssen Sie wieder Quersummen vergleichen. Dieses Spiel ist bereits im Erfolg und in der Anwendung erklärt (Kapitel 35, Spiel 8).

84253948	23410672	35389074	68742311
62951375	43774025	21456809	13924786
13273729	19538953	19538953	12506744
48629848	92635932	59103749	28327406

Strichliste:

Spiel 7:
Bereits in der Durchführung und im Erfolg besprochen (Kapitel 34, Spiel 7).

42 GP 3	JF 173
42 GB 3	JF 273
KZ 31 K	49 MV 3
MZ 31 K	49 MW 3
FK 34 M	1Z3MG
FG 34 M	1Z4MG
AZVOE	N3LKG
AZVPE	N3LKG

Strichliste:

Spiel 8:
Bereits in der Durchführung und im Erfolg besprochen (Kapitel 34, Spiel 3).

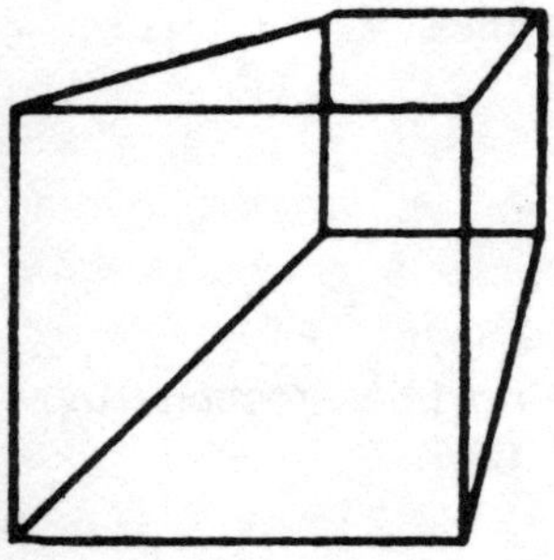

Strichliste:

Spiel 9:
Bereits in der Durchführung und im Erfolg besprochen (Kapitel 37, Spiel 1).

Schreiben Sie die Spielanleitung zu Spiel 5 dieses Kapitels in Spiegelschrift ab.

Strichliste:

Spiel 10:
Bereits in der Durchführung und im Erfolg besprochen (Kapitel 35, Spiel 8).

7253964	3820547	7623465	3019784	1347590
5284393	4822319	9964311	0647805	6310464

Strichliste:

Spiel 11:
Bereits in der Durchführung und im Erfolg besprochen (Kapitel 35, Spiel 7).

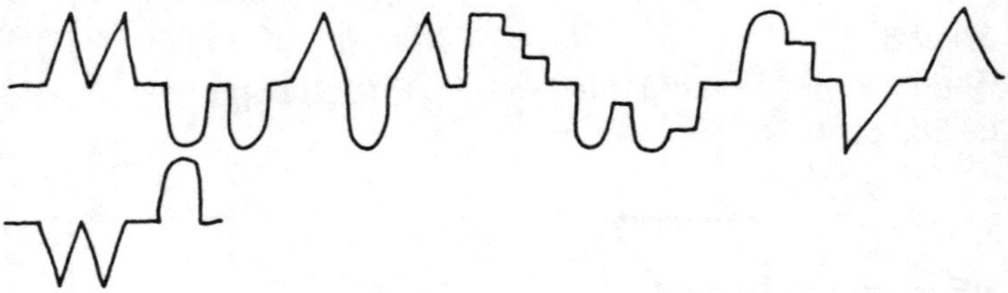

Strichliste:

Spiel 12:
Bereits in der Durchführung und im Erfolg besprochen (Kapitel 34, Spiel 3).

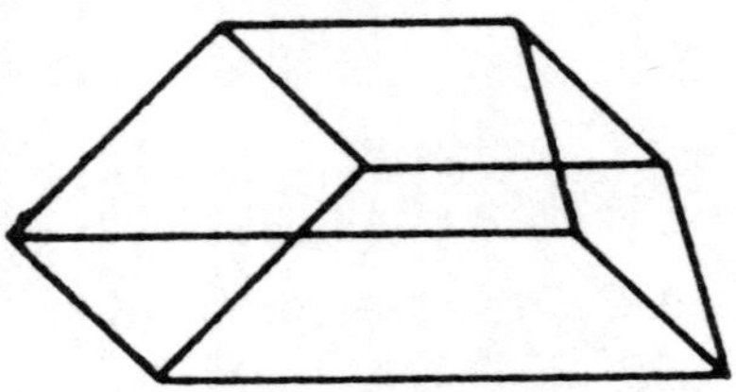

Strichliste:

Spiel 13:

Bitte finden Sie in der folgenden Liste alle Buchstaben d, die oben zwei Punkte haben (d̈).

Streichen Sie aber diese Buchstaben nicht an, damit Sie diese Übung wiederholen können.

d̈ b́ d́ d̈ b̈ d̈ b́ b́ b̈ d̈ d́ d́ b̈ b̈ d́ d̈

b́ b̈ b̈ d̈ b̈ d̈ b̈ b̈ d̈ b́ b́ d́ b̈ d̈ d̈ b

d́ d̈ b̈ b d́ b́ d́ d̈ b̈ b̈ d̈ d b d́ d̈ b

d̈ b́

Bitte machen Sie diese Übung insgesamt 50mal, aber nicht öfter als 3mal am Tag. Notieren Sie die Anzahl Ihrer Spiele wieder in der Strichliste. Variieren Sie dieses Spiel, indem Sie auch einige Male die Buchstaben b́, b̈ oder d́ zählen.

Strichliste:

Erfolg: Ihre Reaktionsschnelle steigt.

Spiel 14:

Bereits in der Durchführung und im Erfolg besprochen (Kapitel 35, Spiel 7).

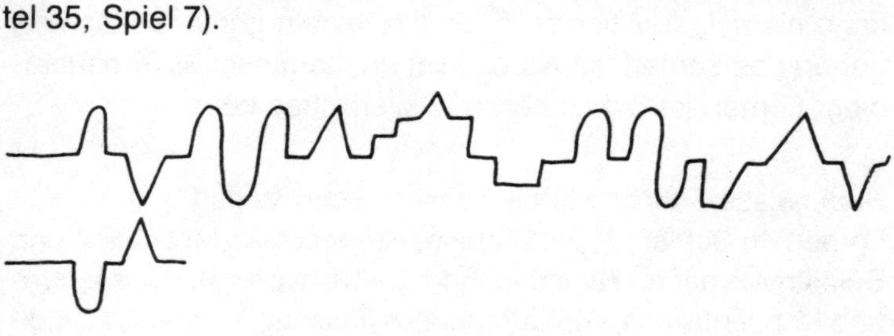

Strichliste:

Spiel 15:
Bereits in der Durchführung und im Erfolg besprochen (Kapitel 35, Spiel 8).

1228673	4693582	1245061	2142619
8443389	2362275	0961737	4023516
1340761	4847372	6362184	5952412
0462848	7165461	9839374	4513254

Strichliste:

Soweit lieber Leser das Trainingsprogramm »Gedächtnis« und »Konzentration«. Wie Sie gesehen haben, ist ein solches Training mehrschichtig, denn Gedächtnis ohne Konzentration kann niemals funktionieren, und zu einem guten Gedächtnis gehört das Lernen mit Assoziationen, Lerntechnik, Superlearning, Lernen im Schlaf sowie spielerisches Lernen.

Superwissen durch Alpha-Training, Econ Verlag
Lernen im Schlaf, Superlearning, Superschlaf, Motivation und Selbstmotivation, Hypnose und Selbsthypnose, Gedächtnis und Konzentration, Alpha/Mentales Training zum Selbststudium

Günther Beyer

Anhang

Weitere Informationen über Superlearning, Lernen im Schlaf und ergänzende Trainingsprogramme

Das Institut des Autors (Beyer-Team) bietet zu den Themen in diesem Buch Heimkurse und Seminare in 5 Ländern (Deutschland, Österreich, Schweiz, England, Frankreich und Spanien) an. Hier einige Informationen:

1. Heimkurse:

Superlearning-Sprachprogramm
– 3 Kassetten = 1 200 Vokabeln, intonatorische Sprechweise mit Hintergrundmusik, Vokabelliste, Grammatik und Anleitung – Die Vokabeln sind nach Sprachhäufigkeit und Assoziierbarkeit ausgesucht.

Englisch-Grundwortschatz
Englisch-Aufbauwortschatz
Spanisch-Grundwortschatz
Französisch-Grundwortschatz
Italienisch-Grundwortschatz

Als Lernerleichterung hierzu:
Assoziationen Englisch-Grundwortschatz
Assoziationen Englisch-Aufbauwortschatz
Assoziationen Spanisch
Assoziationen Französisch

Entspannungskassette »Strandszene«
Seite 1: Musik sphärischer Art
Seite 2: gleiche Musik mit Wortbegleitung

Kartenspiel
(120 Frage- und 120 Antwortkarten + Superlearning-Kassette)
Englisch-Grundwortschatz
Spanisch-Grundwortschatz
Französisch-Grundwortschatz
Computersprachspiel (3 Disketten 1 200 Vokabeln)
für IBM-PC bzw. kompatibel mit Colorbildschirm/Farbadapter
Englisch/Französisch/Spanisch/Italienisch

Lernen im Schlaf
Endloskassetten – 6 Min. Laufzeit –
Kopfkissenlautsprecher
Zeitschaltuhren
Sprachkassetten »Lernen im Schlaf«
1 Kassette à 90 Min. – 1 200 Vokabeln zum Überspielen auf Endloskassette, incl. Vokabelheft, Grammatik und Anleitung

Englisch-Grundwortschatz
Englisch-Aufbauwortschatz
Spanisch-Grundwortschatz
Französisch-Grundwortschatz
Italienisch-Grundwortschatz

2. Weitere Bücher des Autors:

Creatives Lernen, Econ Verlag
Gedächtnis-, Konzentrationstraining und Creativitätstraining im halbprogrammierten Lernstil zum Selbststudium (vergriffen)

Mehr lernen und leisten ohne Streß, Lexika Verlag
Ein Streßvorbeugungsprogramm für Körper, Seele und Geist im halbprogrammierten Lernstil zum Selbststudium

Superwissen durch Alpha-Training, Econ Verlag
Lernen im Schlaf, Superlearning, Superschlaf, Motivation und Selbstmotivation, Hypnose und Selbsthypnose, Gedächtnis und Konzentration, Alpha/Mentales Training zum Selbststudium

So lernen Schüler leichter, Econ Verlag
Gedächtnis- und Konzentrationstraining für 8- bis 15jährige Schüler (vergriffen)

Aufmerksamkeitstraining in der Schule, Quelle u. Meyer Verlag
Übungen gegen sämtliche Lernschwierigkeiten bei 8- bis 15jährigen Schülern

3. Seminare des Beyer-Teams

Superlearning-Sprachseminare – Französisch – Spanisch – Englisch – Italienisch

Gedächtnis- und Konzentrationstraining
mehr behalten, weniger Zettelwirtschaft

Rationelles Lesen
schneller lesen, mehr Zeit für andere Aufgaben

Motivation und Selbstmotivation
entspannter, zufriedener, motivierter arbeiten

Innovation und Creativitätstraining
Probleme lösen, Ideen erfolgreicher durchsetzen

Zeitmanagement – Ganzheitstraining
Zeit sparen durch streßfreies, rationelles Arbeiten

Streßvorbeugung und Streßbewältigung
mehr leisten, weniger Druck

Rhetorik (Basistraining)
freier reden, besser überzeugen

4. Weitere Informationen:

Institut für Creatives Lernen
5060 Berg. Gladbach 1
Giselbertstraße 5
Tel. (02 20 04) 5 40 33-34

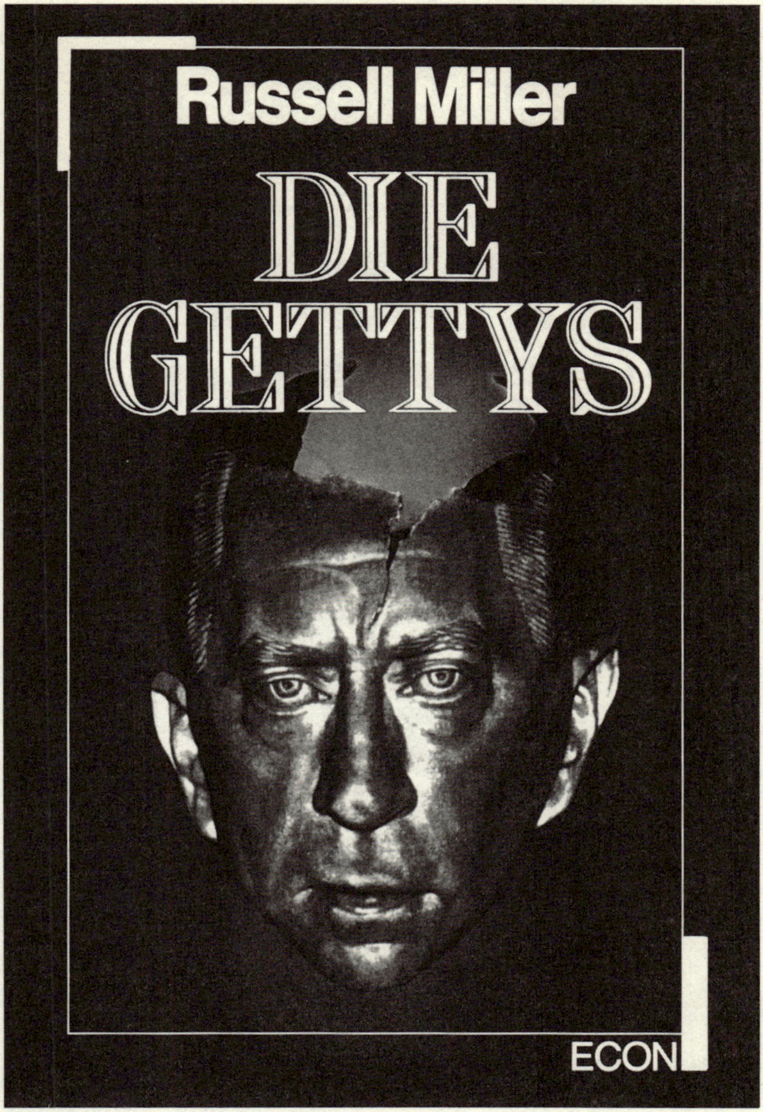
Russell Miller
DIE GETTYS
ECON

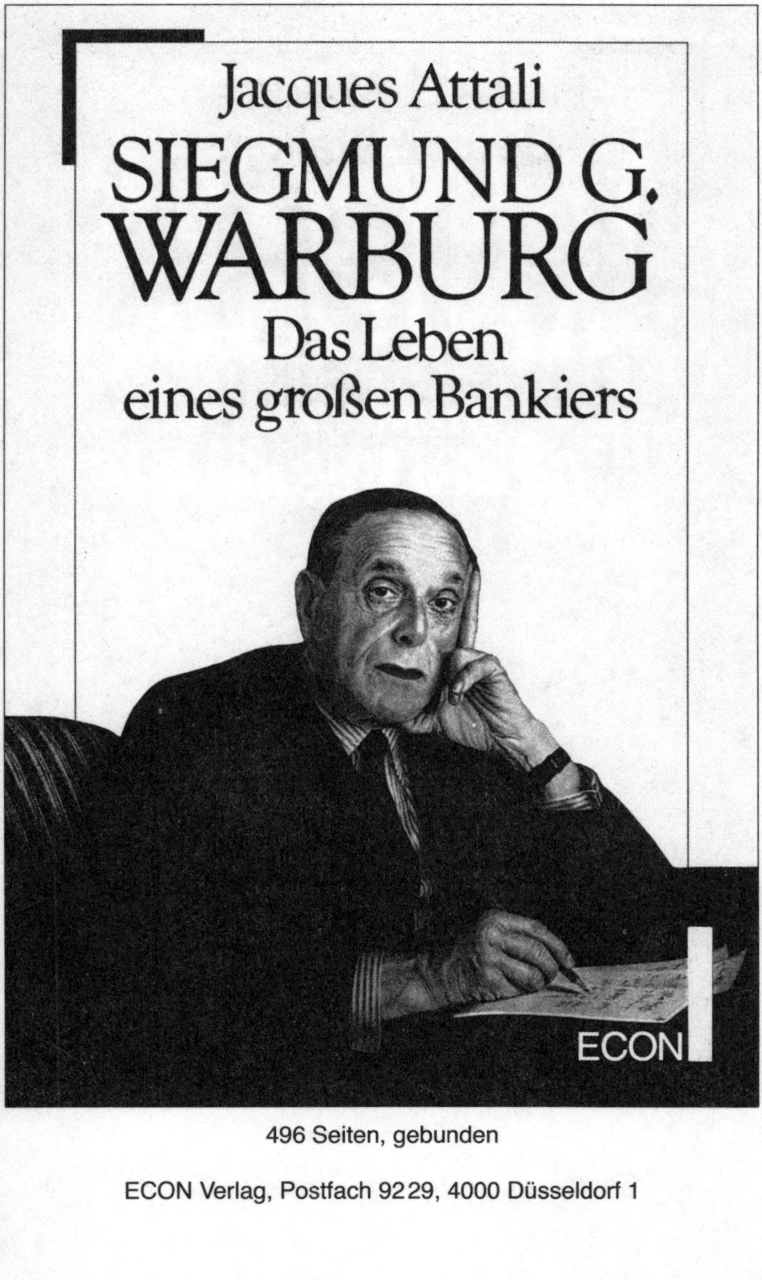
Jacques Attali
SIEGMUND G. WARBURG
Das Leben eines großen Bankiers
ECON